KB244726

씽씽 중국어독해 초급

김명자 · 정은 지음

정진출판사

　1992년 8월 한·중 수교 이후 중국과의 교역증대 및 중국의 정치·경제·외교 등 사회 각 분야의 역량이 명실공히 최고조로 급부상하면서 중국어에 대한 관심도 점점 고조되고 있다. 이에 따라 중국어 교재도 각 출판사마다 매년 우후죽순처럼 출판되는 가운데 다만 중국어 독해 교재는 상대적으로 적은 편이고 특히 대학교재로 사용할 만한 책은 더욱 그러하다.

　시중에 이미 출판된 독해 교재 중에서 일부는 특정인 대상이고, 대부분은 중국어를 1년 이상 배운 사람만이 사용할 수 있는 책들이며, 어떤 책은 거의가 중국 초등학교 교재에서 발췌한 문장으로 대학생 및 일반인이 독해하기에 부적절하며, 또한 일부 책은 문장의 끊어읽기에만 주안점을 두고 문장과 문장 사이의 관계를 이해할 수 있는 어법설명이 부족한 상황이다. 따라서 중국어를 처음 접하는 대학 1학년 학생들이나 초급자들이 사용할 수 있는 교재의 선택이 아주 어려운 상황이어서 실제적인 도움이 될 수 있는 교재의 필요성을 절감하고 본 교재 ≪씽씽 중국어 독해 [초급]≫을 집필하게 되었다.

　본서는 독해의 핵심이라 할 수 있는 '전형적인 문장의 선택, 문장 구조관계의 파악, 정확한 의미전달과 이해' 등에 주안점을 두었다. 교재의 구성은 총 20과로 '본문·새단어·어법다지기·연습문제'로 되어 있으며, 어휘력 향상과 교재의 재미를 더하기 위해 어휘다지기와 중국어 유머를 첨부하였다. 먼저 '본문'은 서술문·설명문·동화·인물소개·편지·우화·시 등 다양한 문체로 구성되어 회화체만 접하는 것이 아니라 중국어의 전형적이고 다양한 문형들을 통해 중국어의 문장구조 및 문장과 문장의 연결 관계를 파악할 수 있도록 하였다. '새단어'에서는 본문 중에 새롭게 등장하는 어휘들을 대상으로 품사·발음·의미를 명시하였다. '어법다지기'에서는 본문의 난해한 혹은 꼭 알아두어야 할 어법을 설명하였는데, 어법을 난이도에 따라 순차적이고 체계적으로 설명하여 학습효과를 최대한 올릴 수 있도록 하였다. '연습문제'는 문장의 구성연습, 어법 포인트의 숙지 및 활용, 문장의 이해와 표현 등에 중점을 두고 구성하였다.

　앞으로 본 ≪씽씽 중국어 독해≫를 초급·중급·고급으로 나누어 집필하고자 한다. 중급부터는 대학생들이 많이 접할 수 있는 소재들을 중심으로 새롭게 창작하고, 일부는 중국 신문잡지 내용을 쉽게 혹은 어법 공부가 될 만한 전형적인 문장으로 만들어 교재 본문으로 삼고자 하며, 초급교재의 어법 설명 부분을 이어 수준을 단계별로 점차 높여가며 체계화할 예정이다.

　끝으로 본 교재가 중국어 학습자들에게 많은 도움이 되길 바라고, 본 교재의 부족한 부분에 대해 아낌없는 의견을 주시기를 바라며, 이 책을 완성하고 출판할 수 있게 도움을 주신 정진출판사 사장님 이하 직원 여러분께 감사의 뜻을 전한다.

2007년 2월 동의과학대학 황령관에서　김명자

목차

　　　　　 5. 상용형용사

01

年 月 日
nián yuè rì

一 年 有 十二 个 月。一月、 二月、 三月、 四月、 五月、
Yì nián yǒu shí'èr ge yuè. yīyuè、 èryuè、 sānyuè、 sìyuè、 wǔyuè、

六月、 七月、 八月、 九月、 十月、 十一月、 十二月。
liùyuè、 qīyuè、 bāyuè、 jiǔyuè、 shíyuè、 shíyīyuè、 shí'èryuè.

一 个 月 有 三十 天 或 三十一 天。二月 有 二十八
Yí ge yuè yǒu sānshí tiān huò sānshíyī tiān. Èryuè yǒu èrshíbā

天 或 二十九 天。
tiān huò èrshíjiǔ tiān.

一 个 星期 有 七 天。星期一、 星期二、 星期三、 星期四、
Yí ge xīngqī yǒu qī tiān. Xīngqīyī、 xīngqī'èr、 xīngqīsān、 xīngqīsì、

星期五、 星期六、 星期天。
xīngqīwǔ、 xīngqīliù、 xīngqītiān.

1. 중국어의 기본 어순

중국어의 기본 어순은 영어와 같다.

주어 + 술어 + 목적어
(S)　(V)　(O)

我打球。 나는 공을 친다.
Wǒ dǎ qiú.

我看电视。 나는 TV를 본다.
Wǒ kàn diànshì.

他听音乐。 그는 음악을 듣는다.
Tā tīng yīnyuè.

她写汉字。 그녀는 한자를 쓴다.
Tā xiě Hànzì.

2. 有

'有' 구문은 소유나 구비를 나타낼 때 사용한다. 부정형은 '没有'이다.

一年有四个季节。
Yì nián yǒu sì ge jìjié.
일 년은 사계절이 있다.

我有一台电脑。
Wǒ yǒu yì tái diànnǎo.
나는 컴퓨터를 한 대 가지고 있다.

他没有哥哥。
Tā méiyǒu gēge.
그는 형이 없다.

他没有男朋友。
Tā méiyǒu nán péngyou.
그는 남자친구가 없다.

의문문은 문장 끝에 '吗'를 쓰거나, '有'의 긍정형식과 부정형식을 병렬하여 '有…吗?', '有 没有…?' 또는 '有…没有?' 형태로 나타낸다.

새단어 生词

1. 年 nián 명 년, 해
2. 月 yuè 명 월
3. 天 tiān 명 일, 날
4. 星期 xīngqī 명 요일, 주

5. 有 yǒu 동 있다
6. 或 huò 접 혹은
7. 个 ge 양 개

你有时间吗?
Nǐ yǒu shíjiān ma?
당신은 시간이 있습니까?

你有女朋友吗?
Nǐ yǒu nǚ péngyou ma?
당신은 여자친구가 있습니까?

你有没有时间?
Nǐ yǒu méi yǒu shíjiān?
당신은 시간이 있습니까?

你有没有女朋友?
Nǐ yǒu méi yǒu nǚ péngyou?

你有时间没有?
Nǐ yǒu shíjiān méiyǒu?

你有女朋友没有?
Nǐ yǒu nǚ péngyou méiyǒu?

3. 숫자 읽기

1. 중국어의 숫자는 다음과 같이 읽는다.

一	二	三	四	五	六	七	八	九	十
yī	èr	sān	sì	wǔ	liù	qī	bā	jiǔ	shí
十一	十二	十三	十四	十五	十六	十七	十八	十九	二十
shíyī	shí'èr	shísān	shísì	shíwǔ	shíliù	shíqī	shíbā	shíjiǔ	èrshí
零	…	…	…	…	百	千	万	亿	兆
líng					bǎi	qiān	wàn	yì	zhào

2. '百' 이상의 숫자를 읽을 때는 반드시 '一'가 붙는다. 또 '十'의 경우에도 숫자 중간에 나올 때는 '一'를 붙인다. 이때 '一'는 성조 변화 없이 1성으로 읽는다.

96
jiǔshíliù

517
wǔbǎi yīshíqī

3,182
sānqiān yībǎi bāshí'èr

283
èrbǎi bāshísān

3. '零 líng'은 하나 이상 여러 번 연속되어도 한 번만 읽는다. 단, 숫자 끝에 '0'이 나타날 때는 보통 '零'을 읽지 않는다. '0'이 숫자 끝에 있고 도중에 '0'이 끼어 있지 않을 때 그 직전의 단위는 생략이 가능하다.

604
liùbǎi líng sì

4,003
sìqiān líng sān

9,070
jiǔqiān líng qīshí

110
yībǎi yī(shí)

4. 전화번호, 방번호, 버스번호, 연도 등은 한 자리씩 끊어 읽는다. 숫자 '一'은 '七'과의 혼

동을 피하기 위해 'yāo'라고 읽는다.

2006年　2006년 èr líng líng liù nián	1104路　1104번 (버스) yāo yāo líng sì lù
3017号房　3017호실 sān líng yāo qī hào fáng	

我的手机号码是010-342-5876。　내 휴대폰 번호는 010-342-5876 입니다.
Wǒ de shǒujī hàomǎ shì líng yāo líng, sān sì èr, wǔ bā qī liù.

4. 시점 표현법 (1)

중국어에서 년·월·일·요일은 다음과 같은 단어를 사용해 표시한다.

년	월	일	요일
年	月	号(日)	星期
nián	yuè	hào(rì)	xīngqī

중국어의 요일 표시는 숫자를 이용해 나타내고, 요일에 해당하는 '星期'가 숫자 앞에 위치한다. 또한 '星期' 대신 '礼拜'를 사용하기도 한다.

월요일	화요일	수요일	목요일	금요일	토요일	일요일
星期一	星期二	星期三	星期四	星期五	星期六	星期天(日)
xīngqīyī	xīngqī'èr	xīngqīsān	xīngqīsì	xīngqīwǔ	xīngqīliù	xīngqītiān(rì)
礼拜一	礼拜二	礼拜三	礼拜四	礼拜五	礼拜六	礼拜天
lǐbàiyī	lǐbài'èr	lǐbàisān	lǐbàisì	lǐbàiwǔ	lǐbàiliù	lǐbàitiān

일(日) 단위 시점은 다음과 같이 표현한다.

그그저께	그저께	어제	오늘	내일	모레	글피
大前天	前天	昨天	今天	明天	后天	大后天
dàqiántiān	qiántiān	zuótiān	jīntiān	míngtiān	hòutiān	dàhòutiān

주(星期) 단위 시점은 다음과 같이 표현한다.

지지난주	지난주	이번주	다음주	다다음주
上上个星期	上个星期	这个星期	下个星期	下下个星期
shàngshàng(ge)xīngqī	shàng(ge)xīngqī	zhè(ge)xīngqī	xià(ge)xīngqī	xiàxià(ge)xīngqī

월(月) 단위 시점은 다음과 같이 표현한다.

지지난달	지난달	이번달	다음달	다다음달
上上个月	上个月	这个月	下个月	下下个月
shàngshàng(ge)yuè	shàng(ge)yuè	zhè(ge)yuè	xià(ge)yuè	xiàxià(ge)yuè

년(年) 단위의 시점은 다음과 같이 표현한다.

재재작년	재작년	작년	금년	내년	내후년	명후년
大前年	前年	去年	今年	明年	后年	大后年
dàqiánnián	qiánnián	qùnián	jīnnián	míngnián	hòunián	dàhòunián

일반적으로 10 이하의 작은 수를 물을 때는 '几'로 묻는다.

明天几月几号? 내일은 몇 월 며칠입니까?
Míngtiān jǐ yuè jǐ hào?

后天星期几? 모레는 무슨 요일입니까?
Hòutiān xīngqī jǐ?

昨天是星期三。 어제는 수요일이었습니다.
Zuótiān shì xīngqīsān.

明天星期六。 내일은 토요일입니다.
Míngtiān xīngqīliù.

5. 명사술어문

문장에서 명사나 명사구가 직접 술어가 되는 문장을 가리키며, 주로 시간·나이·가격·날

짜·요일·국적·고향 등을 나타낼 때 쓰인다. 주어와 술어 사이에 '是'를 넣을 수 있으며,
부정형은 '不是'이다.

今天3月11日。 오늘은 3월 11일이다.
Jīntiān sānyuè shíyī rì.

他釜山人。 그는 부산 사람이다.
Tā Fǔshān rén.

现在九点半。 지금은 9시 반이다.
Xiànzài jiǔ diǎn bàn.

明天不是星期六。 내일은 토요일이 아니다.
Míngtiān búshì xīngqīliù.

1. 확장연습

天   月

三十天   十二个月

有三十天   有十二个月

一个月有三十天   一年有十二个月

2. 다음 질문에 대답해 보세요.

1) A : 一年有几个月?

　　B : 一年有 ___________ 。

2) A : 二月有几天?

　　B : 二月有 ___________ 。

3) A : 一个礼拜有几天?

　　B : 一个礼拜有 ___________ 。

4) A : 昨天是星期几?

　　B : 昨天是 ___________ 。

3. 바르게 읽은 발음을 찾아 ☐에 ✔표 해 보세요.

1) 5,001   ☐ wǔqiān líng líng yī   ☐ wǔ qiān líng yī

2) 3,040   ☐ sānqiān líng sì   ☐ sānqiān líng sìshí

3) 110   ☐ bǎi yī   ☐ yībǎi yī

4) 209   ☐ èrbǎi líng jiǔ   ☐ èrbǎi jiǔ

4. 뜻이 일치하는 두 문장을 찾아 연결해 보세요.

1) 你有女朋友吗?　　　•　　　　　• 이번 주 일요일은 며칠입니까?

2) 她听音乐。　　　　•　　　　　• 오늘은 2007년 3월 8일입니다.

3) 这个星期天是几号?　•　　　　　• 당신은 여자친구가 있습니까?

4) 后天星期四。　　　•　　　　　• 그녀는 음악을 듣습니다.

5) 今天是2007年3月8号。　•　　　　• 모레는 목요일입니다.

5. 밑줄 친 곳에 알맞은 말을 넣어 문장을 완성해 보세요.

1) 오늘은 <u>몇 월</u> <u>며칠</u>입니까?

⇒ 今天 _____ 月 _____ 号?

2) 오늘은 <u>무슨 요일</u>입니까?

⇒ 今天 _________________?

3) <u>내일</u>은 3월 10일입니까?

⇒ _______ 3 _______ 10 _______?

4) 내일은 <u>수요일</u>입니까?

⇒ 明天 _________ 吗?

5) <u>일 년</u>은 며칠입니까?

⇒ 一年有 _________?

季节
jìjié

一 年 有 四 个 季节。春天，夏天，秋天 和 冬天。
Yì nián yǒu sì ge jìjié. Chūntiān, xiàtiān, qiūtiān hé dōngtiān.

三月、四月、五月 是 春天，春天 很 暖和；六月、七月、
Sānyuè、 sìyuè、 wǔyuè shì chūntiān, chūntiān hěn nuǎnhuo; liùyuè、 qīyuè、

八月 是 夏天，夏天 很 热；九月、十月、十一月 是 秋天，
bāyuè shì xiàtiān, xiàtiān hěn rè; jiǔyuè、 shíyuè、 shíyīyuè shì qiūtiān,

秋天 很 凉快；十二月、一月、二月 是 冬天，冬天 很 冷。
qiūtiān hěn liángkuai; shí'èryuè、 yīyuè、 èryuè shì dōngtiān, dōngtiān hěn lěng.

我 最 喜欢 春天。你 最 喜欢 哪个 季节？
Wǒ zuì xǐhuan chūntiān. Nǐ zuì xǐhuan nǎge jìjié?

1. 수사와 양사 (1)

사물을 헤아릴 때 수량을 나타내는 수사는 명사와 직접 결합할 수 없으며, 수사와 명사 사이에는 반드시 양사를 써서「수사+양사+명사」의 형태로 표현해야 한다. 양사는 사물에 따라 거의 고정적으로 사용되며, 문맥으로 보아 무엇에 대해서 말하는지 알 수 있을 때는 명사를 생략할 수 있다.

一本书 책 한 권
yì běn shū

两张纸 종이 두 장
liǎng zhāng zhǐ

两个人 두 사람
liǎng ge rén

四台电视 TV 2대
sì tái diànshì

2. 和

우리말의 '…와(과)'에 해당하는 말로, 주로 명사를 연결할 때 사용된다. 세 개 이상의 단어를 접속할 때는 마지막 단어 앞에만 쓴다.

我和他都是韩国人。 나와 그는 모두 한국인이다.
Wǒ hé tā dōu shì Hánguó rén.

我家有爸爸、妈妈、姐姐和我。 우리집 식구는 아버지, 어머니, 언니와 나이다.
Wǒ jiā yǒu bàba、māma、jiějie hé wǒ.

새단어 生词

1. **季节** jìjié ⑲ 계절
2. **春天** chūntiān ⑲ 봄
3. **夏天** xiàtiān ⑲ 여름
4. **秋天** qiūtiān ⑲ 가을
5. **冬天** dōngtiān ⑲ 겨울
6. **和** hé ㉃ …와
7. **是** shì ⑧ ~은 …이다
8. **我** wǒ ㉹ 나

9. **最** zuì ㉻ 가장
10. **喜欢** xǐhuan ⑧ 좋아하다
11. **你** nǐ ㉹ 너, 당신
12. **哪** nǎ ㉹ 어느
13. **暖和** nuǎnhuo ⑱ 따뜻하다
14. **热** rè ⑱ 덥다
15. **凉快** liángkuai ⑱ 서늘하다
16. **冷** lěng ⑱ 춥다

3. 是

판단동사 '是'는 주어가 지칭하는 사람 혹은 사물에 대해 판단이나 긍정 혹은 설명을 나타
내며, '~은/는 …이다'로 해석된다. 부정형은 '不是'이다.

他是韩国人。 그는 한국 사람이다.
Tā shì Hánguó rén.

他不是中国人。 그는 중국 사람이 아니다.
Tā búshì Zhōngguó rén.

我不是学生, 是老师。 나는 학생이 아니라 선생님이다.
Wǒ búshì xuésheng, shì lǎoshī.

4. 인칭대명사

사람을 대신해서 가리키는 인칭대명사에는 '我, 你, 他(她, 它)'가 있고, 여기에 복수형 어미
'－们men'을 붙여 복수를 나타낸다. 중국어에는 존댓말이 없는 대신 상대방을 '您'으로 호
칭하여 공손하게 표현한다.

인칭＼수	단수	복수
1인칭	我 wǒ 나	我们 wǒmen 우리들
2인칭	你 nǐ 너 您 nín 당신	你们 nǐmen 당신들
3인칭	他 tā 그	他们 tāmen 그들
	她 tā 그녀	她们 tāmen 그녀들
	它 tā 그것	它们 tāmen 그것들

중국어에서 우리들에 해당하는 말로는 '我们'과 '咱们 zánmen'이 있는데, '咱们'은 화자와
청자를 모두 포함하지만, '我们'은 청자를 포함할 수도, 포함하지 않을 수도 있다.

咱们(我们)都是韩国人。 우리는 모두 한국 사람이다.
Zánmen(wǒmen) dōu shì Hánguórén.

他们是日本人, 我们是中国人。 그들은 일본 사람이고, 우리는 중국 사람이다.
Tāmen shì Rìběnrén wǒmen shì Zhōngguórén.

5. 중국어의 의문대명사

중국어의 의문대명사를 정리하면 다음과 같다.

사람·사물	谁 shéi	누구	她是谁? 그녀는 누구입니까? Tā shì shéi?
	什么 shénme	무엇	那是什么? 그것은 무엇입니까? Nà shì shénme?
	哪 nǎ	어느…	你的是哪个? 당신의 것은 어느 것입니까? Nǐ de shì nǎge?
시간	什么时候 shénme shíhou	언제	你们什么时候回家? Nǐmen shénme shíhou huíjiā? 당신들은 언제 집에 돌아갑니까?
장소	哪儿(哪里) nǎr (nǎli)	어디	你去哪儿? 당신은 어디를 갑니까? Nǐ qù nǎr?
이유	为什么 wèishénme	왜	为什么你不说? 당신은 왜 말하지 않습니까? Wèishénme nǐ bù shuō?
방법·상태	怎么 zěnme	어떻게	去银行怎么走? 은행은 어떻게 갑니까? Qù yínháng zěnme zǒu?
	怎么样 zěnmeyàng		这个房间怎么样? 이 방은 어떻습니까? Zhège fángjiān zěnmeyàng?
수량	几 jǐ	몇(얼마)	你家有几口人? 당신은 가족이 몇 명 있습니까? Nǐ jiā yǒu jǐ kǒu rén?
	多少 duōshao		你们班有多少个人? 당신 반은 몇 사람입니까? Nǐmen bān yǒu duōshao ge rén?

그 중 '哪'는 우리말의 '어느, 어떤'에 해당하며, 뒤에는 항상 수량사가 온다.

你哪天回国? 당신은 어느 날 귀국합니까?
Nǐ nǎ tiān huíguó?

哪个是你的铅笔? 어느 것이 당신의 연필입니까?
Nǎge shì nǐ de qiānbǐ?

1. 확장연습

季节	春天
哪个季节	喜欢春天
喜欢哪个季节	最喜欢春天
你最喜欢哪个季节	我最喜欢春天

2. 다음 질문에 대답하세요.

1) 一年有几个季节?

____。

2) 七月是哪个季节?

____。

3) 十一月是哪个季节?

____。

4) 二月是哪个季节?

____。

5) 你最喜欢哪个季节?

____。

3. 빈칸에 들어갈 양사를 써 보세요.

1) 三____人   九____学生
2) 两____书   五____画报
3) 八____羊   三____猫
4) 四____车票   一____桌子
5) 六____汽车   七____自行车

4. 의문대명사를 이용하여 다음 의문문을 완성하세요.

    1) A：这是 _______________ ?

          B：这是桌子。

    2) A：他 _______________ 回来?

          B：他明天回来。

    3) A：她是 _______________ ?

          B：她是我妈妈。

    4) A：你 _______________ ?

          B：我去学校。

    5) A：你 _______________ ?

          B：我喜欢这个。

5. 다음 문장을 읽고 해석하세요.

    1) 他什么时候回来?

    ____?

    2) 我和他都是韩国人。

    ____.

    3) 我家有爸爸、妈妈和我。

    ____.

    4) 我有两本中文书。

    ____.

    5) 她不是老师, 是学生。

    ____.

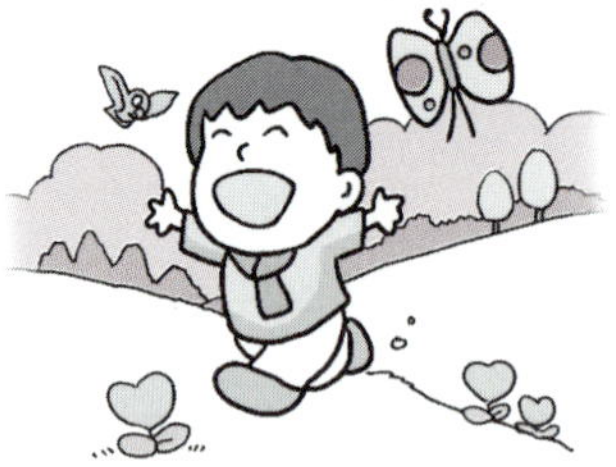

[暖和 nuǎnhuo 따뜻하다]

春天
chūntiān
봄

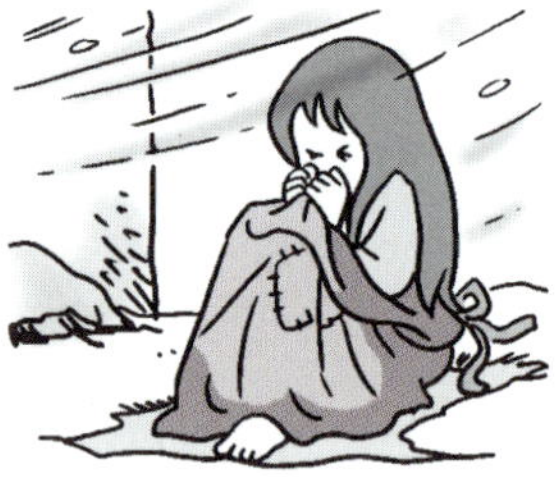

冬天
dōngtiān
겨울

夏天
xiàtiān
여름

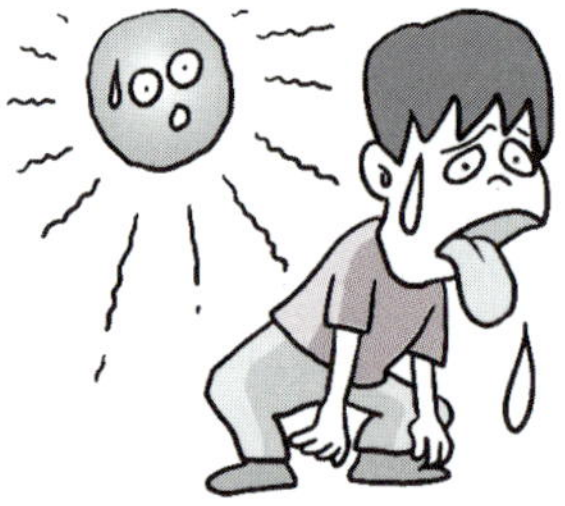

[冷 lěng 춥다]

[热 rè 덥다]

秋天
qiūtiān
가을

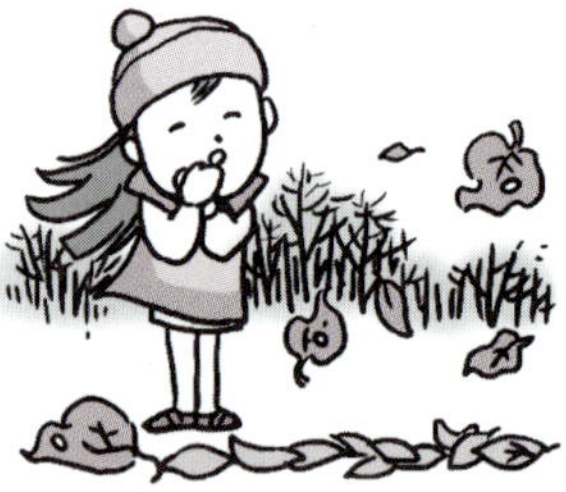

[凉快 liángkuai 서늘하다]

▶ 재미있게 읽어 보세요.

不 为 欣 赏

— 감상을 위해서가 아니라 —

一天，有个人敲开了他邻居的门：

"请把您的收音机借给我用一个晚上好吗？"

"怎么，你也喜欢晚间特别节目吗？"

"不，我只是想夜里安安静静地睡上一觉。"

어느 날 어떤 사람이 이웃집 문을 두드렸다.
"당신의 라디오를 하루저녁 빌려 써도 되겠습니까?
"아니, 당신도 저녁 특별 프로그램을 좋아합니까?
"아니요, 저는 그저 밤에 조용하게 한잠 자고 싶어서요.

보충단어

1. 敲 qiāo ⑧ 두드리다
2. 邻居 línjū ⑲ 이웃
3. 收音机 shōuyīnjī ⑲ 라디오
4. 借 jiè ⑧ 빌리다
5. 用 yòng ⑧ 사용하다
6. 晚间 wǎnjiān ⑲ 밤, 저녁
7. 特别 tèbié ⑲ 특별하다
8. 夜里 yèli ⑲ 밤

宇宙 里 有 什么？
Yǔzhòu lǐ yǒu shénme?

宇宙 里 有 什么？宇宙 里 有 太阳，月亮，地球 和 很
Yǔzhòu lǐ yǒu shénme? Yǔzhòu lǐ yǒu tàiyáng, yuèliang, dìqiú hé hěn

多 不 知 名 的 星星。白天 有 太阳，晚上 有 月亮 和
duō bù zhī míng de xīngxing. Báitiān yǒu tàiyáng, wǎnshang yǒu yuèliang hé

星星。
xīngxing.

太阳 有 几 个？太阳 有 一 个，月亮 也 只 有 一
Tàiyáng yǒu jǐ ge? Tàiyáng yǒu yí ge, yuèliang yě zhǐ yǒu yí

个。可是 星星 很 多 很 多，数 也 数不清。
ge, kěshì xīngxing hěn duō hěn duō, shǔ yě shǔ bu qīng.

地球 属于 宇宙 里 的 一 大 行星，不 能 发光。月亮
Dìqiú shǔyú yǔzhòu lǐ de yí dà xíngxīng, bù néng fāguāng. Yuèliang

也 不 能 发光，但是 太阳 又 能 发光，又 能 发热，属于
yě bù néng fāguāng, dànshì tàiyáng yòu néng fāguāng, yòu néng fārè, shǔyú

宇宙 里 的 一 个
yǔzhòu lǐ de yí ge

恒星。我们 看到 的
héngxīng. Wǒmen kàndào de

月亮 光 是 太阳
yuèliang guāng shì tàiyáng

反射 发出 的 光。
fǎnshè fāchū de guāng.

1. 의문대명사

(1) 什么

의문대명사 '什么'는 단독으로 쓰여 사물에 대해 묻는데, 이때 '무엇'으로 해석된다. 주어·목적어·보어 역할을 모두 할 수 있다.

这是什么? 이것은 무엇이라 부릅니까?　　　　—这是桌子。 이것은 책상입니다.
　Zhè shì shénme?　　　　　　　　　　　　　　Zhè shì zhuōzi.

你看什么? 당신은 뭘 봅니까?　　　　　　　—我看报纸。 나는 신문을 봅니다.
　Nǐ kàn shénme?　　　　　　　　　　　　　　Wǒ kàn bàozhǐ.

또한 명사 앞에 쓰여 사람이나 사물에 대해 묻는데, 이때는 '무슨'으로 해석된다.

那是什么书? 그것은 무슨 책입니까?　　　　—那是英文书。 그것은 영어책입니다.
　Nà shì shénme shū?　　　　　　　　　　　　Nà shì Yīngwén shū.

这是什么报? 이것은 무슨 신문입니까?　　　—这是人民日报。 이것은 인민일보입니다.
　Zhè shì shénme bào?　　　　　　　　　　　Zhè shì Rénmín Rìbào.

새단어 生词

1. 宇宙　yǔzhòu　명 우주
2. 什么　shénme　대 무엇
3. 太阳　tàiyáng　명 해, 태양
4. 月亮　yuèliang　명 달
5. 知　zhī　동 알다
6. 星星　xīngxing　명 별
7. 白天　báitiān　명 낮
8. 晚上　wǎnshang　명 밤
9. 几　jǐ　대 몇
10. 也　yě　부 …도
11. 只　zhǐ　부 단지, 다만
12. 可是　kěshì　접 그러나
13. 很　hěn　부 아주, 매우
14. 多　duō　형 많다
15. 数　shǔ　동 세다, 헤아리다
16. 数不清　shǔ bu qīng　(너무 많아서) 확실하게 셀 수 없다
17. 地球　dìqiú　명 지구
18. 行星　xíngxīng　명 행성
19. 能　néng　능 …할 수 있다
20. 发光　fāguāng　동 빛나다, 발광하다
21. 但是　dànshì　접 그러나
22. 又… 又~　yòu… yòu~　…하고 또 ~하다
23. 发热　fārè　동 열나다, 발열하다
24. 恒星　héngxīng　명 항성
25. 反射　fǎnshè　동 반사하다

(2) 几

우리말의 '몇'으로, 주로 10 미만의 적은 수를 물을 때 사용하며 반드시 양사를 동반한다. 10 이상의 수를 물을 때는 '多少'를 사용한다. 단, 시간이나 날짜 등은 10 이상의 수도 '几'로 묻는다.

你家有几口人?
Nǐ jiā yǒu jǐ kǒu rén?
당신의 식구는 몇 명입니까?

— 我家有五口人。
Wǒ jiā yǒu wǔ kǒu rén.
저희 집 식구는 5명입니다.

你有几本中文书?
Nǐ yǒu jǐ běn Zhōngwén shū?
당신은 중국어 책이 몇 권 있습니까?

— 我有两本中文书。
Wǒ yǒu liǎng běn Zhōngwén shū.
저는 중국어 책 2권이 있습니다.

现在几点?
Xiànzài jǐ diǎn?
지금 몇 시입니까?

— 现在12点半。
Xiànzài shí'èr diǎn bàn.
지금은 12시 반입니다.

今天几月几号?
Jīntiān jǐ yuè jǐ hào?
오늘은 몇 월 며칠입니까?

— 今天10月28号。
Jīntiān shíyuè èrshíbā hào.
오늘은 10월 28일입니다.

一斤多少钱?
Yì jīn duōshao qián?
500g에 얼마입니까?

— 一斤两块八。
Yì jīn liǎng kuài bā.
500g에 2.8원입니다.

你们班上有多少个学生?
Nǐmen bānshang yǒu duōshao ge xuésheng?
당신 반에는 몇 명의 학생들이 있습니까?

— 我们班有42名学生。
Wǒmen bān yǒu sìshí'èr míng xuésheng.
우리 반에는 42명의 학생이 있습니다.

2. 시점 표현법 (2)

중국어에서 오전 · 오후, 아침 · 저녁 등의 시점은 각각 다음과 같이 표현한다.

아침	오전	점심	오후	해질녘	저녁	밤	새벽
早上	上午	中午	下午	傍晚	晚上	半夜	凌晨
zǎoshang	shàngwǔ	zhōngwǔ	xiàwǔ	bàngwǎn	wǎnshang	bànyè	língchén

我早上7点起床，晚上11点睡觉。　나는 아침 7시에 일어나고, 밤 11시에 잡니다.
Wǒ zǎoshang qī diǎn qǐchuáng, wǎnshang shíyī diǎn shuìjiào.

我下午5点下课。　나는 오후 5시에 수업을 마칩니다.
Wǒ xiàwǔ wǔ diǎn xiàkè.

3. 也

우리말의 '…도,역시'에 해당하는 빈도부사로, 두 가지가 서로 같음을 나타낸다.

我是韩国人，他也是韩国人。　나는 한국 사람이고, 그도 한국 사람입니다.
Wǒ shì Hánguó rén, tā yě shì Hánguó rén.

我不喜欢吃胡萝卜，他也是不喜欢吃胡萝卜。
Wǒ bù xǐhuan chī húluóbo, tā yě shì bù xǐhuan chī húluóbo.
나는 당근 먹는 것을 좋아하지 않고, 그도 당근 먹는 것을 좋아하지 않습니다.

4. 형용사술어문

형용사가 술어로 쓰인 문장을 '형용사술어문'이라고 하며, 주로 주어의 성질이나 상태에 대해 설명한다. 부정문은 '不'를 쓴다.

这件衣服很漂亮。 이 옷은 아주 예쁩니다.　　这个楼不高。 이 건물은 높지 않습니다.
Zhè jiàn yīfu hěn piàoliang.　　　　　　　Zhège lóu bù gāo.

의문문은 문장 끝에 '吗'를 쓰거나, 형용사의 긍정형식과 부정형식을 병렬하면 된다.

你工作忙吗?　　　　　　　　工作忙不忙? 당신은 일이 바쁩니까?
Nǐ gōngzuò máng ma?　　　　Gōngzuò máng bu máng?

这件衣服漂亮吗?　　　　　　这件衣服漂亮不漂亮? 이 옷 예쁩니까?
Zhè jiàn yīfu piàoliang ma?　　Zhè jiàn yīfu piàoliang bú piàoliang.

'很'은 본래 '매우, 대단히'라는 뜻이지만, 일반적인 서술문에 사용되었을 때는 본래의 의미를 상실하고 문장을 종결짓는 역할만 한다. 만일 '很'을 쓰지 않으면 문장이 종결되는 느낌이 결여되며, 비교의 의미를 가지게 된다.

她很漂亮。 그녀는 아주 예쁩니다.　　他很高。 그는 키가 큽니다.
Tā hěn piàoliang.　　　　　　　　　tā hěn gāo.

这个漂亮，那个不漂亮。　　　　你高，他不高。
Zhège piàoliang, nàge bú piàoliang.　　Nǐ gāo, tā bù gāo.
이것은 예쁘고, 저것은 안 예쁩니다.　　당신은 키가 크고, 그는 키가 크지 않습니다.

1. 확장연습

<table>
<tr><td>多</td><td>一个</td></tr>
<tr><td>很多</td><td>有一个</td></tr>
<tr><td>星星很多</td><td>只有一个</td></tr>
<tr><td>天上星星很多</td><td>月亮只有一个</td></tr>
</table>

2. 다음 질문에 대답하세요.

1) 天上有什么?

_______________________________________。

2) 月亮有几个?

_______________________________________。

3) 星星有几个?

_______________________________________。

4) 太阳有几个?

_______________________________________。

5) 晚上有什么?

_______________________________________。

3. 다음 대화를 완성하세요.

1) A : 这______________________?

B : 这叫桌子。

2) A : 她______________________?

B : 她看报纸。

3) A : 现在______________________?

B : 现在12点。

4) A : 你 _______________________ ?

   B : 很忙。

4. 다음 단어를 조합하여 완전한 문장을 만드세요.

1) 数　　星星　　也　　很多　　数不清

_______________________ 。

2) 星星　　有　　晚上　　月亮　　和

_______________________ 。

3) 个　　只　　月亮　　一　　有　　也

_______________________ 。

4) 件　　不好　　好　　衣服　　这

_______________________ 。

5. 다음을 중국어로 말해보세요.

1) 이것은 무슨 책입니까?

_______________________ ?

2) 이것은 책상입니다.

_______________________ 。

3) 이 책은 아주 좋습니다.

_______________________ 。

4) 나는 신문을 봅니다.

_______________________ 。

5) 저는 오늘 아주 바쁩니다.

_______________________ 。

你 好!
Nǐ hǎo!

你 好! 他 叫 阿明, 他 是 学生。 他 是 英国人。 她 叫
Nǐ hǎo! Tā jiào Āmíng, tā shì xuésheng. Tā shì Yīngguórén Tā jiào

吴丽, 她 也 是 学生, 她 是 韩国人。 他们 都 学习 汉语。
Wúlì, tā yě shì xuésheng, tā shì Hánguórén. Tāmen dōu xuéxí Hànyǔ.

阿明 在 清华 大学 学习 汉语, 吴丽 在 北京 大学 学习
Āmíng zài Qīnghuá Dàxué xuéxí Hànyǔ, Wúlì zài Běijīng Dàxué xuéxí

汉语。 他们 都 住 在 大学 里 的 留学生 公寓 里。 现在
Hànyǔ. Tāmen dōu zhù zài dàxué lǐ de liúxuéshēng gōngyù lǐ. Xiànzài

他们 已经 适应 了 中国 的 生活。 觉得 中国 的 生活
tāmen yǐjing shìyìng le Zhōngguó de shēnghuó. Juéde Zhōngguó de shēnghuó

越来越 有意思 了。
yuèláiyuè yǒu yìsi le.

어법다지기

1. 叫

중국어로 이름을 묻고 답할 때, 만약 연장자나 처음 만난 사람일 경우 상대방을 높여 '您贵姓?'이라 묻고, 대답할 경우 성만 말하기도 하고 성과 이름을 모두 말하기도 한다.

您贵姓? 당신의 성은 무엇입니까?
Nín guì xìng?

— 我姓李。 저는 이씨입니다.
Wǒ xìng Lǐ.

— 我姓安, 叫安在旭。
Wǒ xìng Ān, jiào Ān Zàixù.
저는 안씨이고, 안재욱이라고 합니다.

동년배나 손아랫사람에게는 다음과 같이 말한다.

你叫什么名字?
Nǐ jiào shénme míngzi?

你叫什么? 당신의 이름은 무엇입니까?
Nǐ jiào shénme?

我叫张东健。
Wǒ jiào Zhāng Dōngjiàn.
저는 장동건이라고 합니다.

我叫李英爱。
Wǒ jiào Lǐ Yīng'ài.
저는 이영애라고 합니다.

새단어 生词

1. 好 hǎo 형 좋다
2. 你好 nǐ hǎo 안녕하세요
3. 他 tā 대 그
4. 阿明 Āmíng 명 아명(인명)
5. 吴丽 Wúlì 명 오려(인명)
6. 叫 jiào 동 (이름을) …라고 하다, 부르다
7. 学生 xuésheng 명 학생
8. 中国 Zhōngguó 명 중국
9. 韩国 Hánguó 명 한국
10. 人 rén 명 사람
11. 们 men …들 (복수 접미사)
12. 都 dōu 부 모두

13. 学习 xuéxí 동 배우다, 공부하다
14. 汉语 Hànyǔ 명 중국어
15. 清华大学 Qīnghuá Dàxué 명 청화대학교
16. 北京大学 Běijīng Dàxué 명 북경대학교
17. 适应 shìyìng 동 적응하다
18. 觉得 juéde 동 …라고 느끼다, 여기다, 생각하다
19. 越来越… yuèláiyuè… 갈수록 (점점 더) …하다
20. 有意思 yǒu yìsi 동 재미있다

2. 都

부사 '都'는 우리말의 '모두, 다, 전체'에 해당하며, 예외 없이 전부라는 총괄의 의미를 나타 낸다.

我们都去看电影。 우리는 모두 영화 보러 간다.
Wǒmen dōu qù kàn diànyǐng.

他们都是韩国人。 그들은 모두 한국 사람이다.
Tāmen dōu shì Hánguórén.

3. 동사술어문 (1)

동사가 문장의 술어가 되는 문장을 동사술어문이라 하는데 주로 주어의 동작이나 행위를 나타낸다. 동사술어문의 어순을 살펴보면 다음과 같다.

(1) 주어 + 술어

我去。 나는 간다.
Wǒ qù.

我运动。 나는 운동한다.
Wǒ yùndòng.

(2) 주어 + 동사 + 목적어

他看书。 그는 책을 본다.
Tā kàn shū.

他听音乐。 그는 음악을 듣는다.
Tā tīng yīnyuè.

(3) 주어 + 동사 + 목적어1 +목적어2

이 어순은 이중목적어 구문으로 중국어에서 이중목적어를 취할 수 있는 동사로는 '给, 教, 问, 送, 借, 告诉, 通知…' 등이 있다.

我给他三本书。 나는 그에게 책 3권을 주었다.
Wǒ gěi tā sān běn shū.

他教我们汉语。 그는 우리에게 중국어를 가르친다.
Tā jiāo wǒmen Hànyǔ.

4. 在

개사 '在'가 이끄는 개사구는 술어 앞에 놓여 동작 행위가 발생하는 시간이나 장소를 나타
내는데 상황어(부사어) 역할을 한다. 그러나 일부 동사, 예를 들어 '生, 死, 出生, 出现…'과
같은 동사가 올 경우 동사 뒤에 위치한다.

> 我在九点以前回来。　나는 9시 이전에 돌아올 것이다.
> Wǒ zài jiǔ diǎn yǐqián huílai.

> 他出生在首尔。　그는 서울에서 태어났다.
> Tā chūshēng zài Shǒu'ěr.

> 他死在外地。　그는 외지에서 죽었다.
> Tā sǐ zài wàidì.

5. 越来越…

부사 '越'는 '越来越…(점점 더 …하다)' 혹은 '越 A 越 B(A하면 할수록 B하다)'의 형태로 쓰
여 정도가 점차 심해짐을 나타낸다. '越'가 쓰인 문장에는 정도부사를 쓰지 않는 점에 유의
해야 한다.

> 天气越来越冷了。　날씨가 점점 추워진다.
> Tiānqì yuèláiyuè lěng le.

> 他越走越快。　그는 걸으면 걸을수록 빨라진다.
> Tā yuè zǒu yuè kuài.

> 他们越谈越投机。　그들은 말을 하면 할수록 더 잘 통한다.
> Tāmen yuè tán yuè tóujī.

1. 여러 가지 성(姓)

金	李	朴	崔	郑	全	林	韩	柳	安	姜
Jīn	Lǐ	Piáo	Cuī	Zhèng	Quán	Lín	Hán	Liǔ	Ān	Jiāng

王	赵	曹	黄	宋	刘	吴	张	河	沈	陈
Wáng	Zhào	Cáo	Huáng	Sòng	Liú	Wú	Zhāng	Hé	Shěn	Chén

2. 상용동사

 [听 tīng 듣다]	 [说 shuō 말하다]	 [读 dú 읽다]	 [写 xiě 쓰다]
 [看 kàn 보다]	 [来 lái 오다]	 [去 qù 가다]	 [走 zǒu 걷다]
 [唱 chàng 노래하다]	 [做 zuò 만들다]	 [坐 zuò 앉다]	 [站 zhàn 서다]

[吃 chī 먹다]	[喝 hē 마시다]	[玩儿 wánr 놀다]	[爱 ài 사랑하다]
[想 xiǎng 생각하다]	[洗脸 xǐliǎn 세면하다]	[洗澡 xǐzǎo 목욕하다]	[休息 xiūxi 휴식하다]
[学习 xuéxí 공부하다]	[运动 yùndòng 운동하다]	[工作 gōngzuò 일하다]	[喜欢 xǐhuan 좋아하다]
[希望 xīwàng 희망하다]	[研究 yánjiū 연구하다]	[知道 zhīdào 알다, 이해하다]	

▶ 재미있게 읽어 보세요.

不需要柜子

— 옷장이 필요 없어요 —

一个旧家具商人对正在市场上闲逛的小王高声喊道:

"王先生, 快买下这个柜子吧! 很便宜, 只要原价一半的钱!"

"我要柜子做什么?"

"您可以在里面挂衣服。"

小王生气地反问道:"难道您要我光着身子到处跑吗?"

어느 가구집 상인이 시장을 한가히 돌아다니는 소왕한테 큰 소리로 외쳤다.
"왕 선생, 빨리 이 옷장을 사세요! 아주 싸요, 원가의 반만 내면 돼요!"
"내가 옷장을 사서 뭘 합니까?"
"당신은 안에 옷을 걸 수 있답니다."
소왕이 화가 나서 되묻기를, "당신은 나더러 벌거벗고 곳곳을 돌아다니란 말입니까?"

보충단어

1. 旧 jiù ⑲ 낡은, 오래된
2. 家具 jiājù ⑲ 가구
3. 市场 shìchǎng ⑲ 시장
4. 闲 xián ⑲ 한가하다
5. 逛 guàng ⑧ 돌아다니다
6. 喊 hǎn ⑧ 외치다
7. 柜子 guìzi ⑲ 옷장
8. 便宜 piányi ⑲ (값이) 싸다
9. 原价 yuánjià ⑲ 원가
10. 挂 guà ⑧ 걸다
11. 生气 shēngqì ⑧ 화나다
12. 难道 nándào ⑨ (반문의 어감) 설마… 란 말인가?
13. 光 guāng ⑧ 벌거벗다
14. 到处 dàochù ⑲ 도처
15. 跑 pǎo ⑧ 달리다

05

家人
Jiārén

我 家 有 五 口 人。爸爸、妈妈、哥哥、弟弟 和 我。
Wǒ jiā yǒu wǔ kǒu rén. Bàba、 māma、 gēge、 dìdi hé wǒ.

爸爸 是 老师，今年 57 岁。妈妈 是 大夫，今年 55 岁。
Bàba shì lǎoshī, jīnnián wǔshíqī suì. māma shì dàifu, jīnnián wǔshíwǔ suì.

哥哥 是 大学生。他 在 首尔 大学 上 大学。我 也 是
Gēge shì dàxuéshēng. Tā zài Shǒu'ěr Dàxué shàng dàxué. Wǒ yě shì

大学生，现在 在 智盛 科学 大学 观光 中国语 专业 读
dàxuéshēng, xiànzài zài Zhìshèng Kēxué Dàxué guānguāng Zhōngguóyǔ zhuānyè dú

书。弟弟 是 中学生，他们 学校 在 我们 学校 的 下面，
shū. Dìdi shì zhōngxuéshēng, tāmen xuéxiào zài wǒmen xuéxiào de xiàmian,

是 智盛 中学。和 他们 学校 是 同 一 个 智盛 集团
shì Zhìshèng Zhōngxué. Hé tāmen xuéxiào shì tóng yí ge Zhìshèng Jítuán

建立 的 学校。我们 常常 在 一起 上学，一起 放学 回
jiànlì de xuéxiào. Wǒmen chángcháng zài yìqǐ shàngxué, yìqǐ fàngxué huí

家。我们 的 学习 生活 很 愉快，我们 全家 也 很 和睦。
jiā. Wǒmen de xuéxí shēnghuó hěn yúkuài, wǒmen quánjiā yě hěn hémù.

1. 가족호칭

가족 간의 호칭은 다음과 같다.

爷爷 할아버지
yéye

奶奶 할머니
nǎinai

爸爸 아버지
bàba

妈妈 어머니
māma

叔叔 삼촌
shūshu

姑姑 고모
gūgu

舅舅 외삼촌
jiùjiu

阿姨 이모
āyí

새단어 生词

1. 家　jiā　명　집
2. 五　wǔ　명　다섯, 오
3. 口　kǒu　양　사람을 세는 단위
4. 爸爸　bàba　명　아빠
5. 妈妈　māma　명　엄마
6. 哥哥　gēge　명　오빠
7. 弟弟　dìdi　명　남동생
8. 老师　lǎoshī　명　선생님
9. 大夫　dàifu　명　의사
10. 大学生　dàxuéshēng　명　대학생
11. 中学生　zhōngxuéshēng　명　중학생
12. 今年　jīnnián　명　올해

13. 首尔　Shǒu'ěr　명　서울
14. 专业　zhuānyè　명　전공
15. 智盛科学大学　Zhìshèng Kēxué Dàxué
　　명　지성과학대학
16. 集团　jítuán　명　집단, 단체, 재단
17. 建立　jiànlì　동　설립하다
18. 常常　chángcháng　부　항상, 늘
19. 上学　shàngxué　동　등교하다
20. 放学　fàngxué　동　하교하다
21. 愉快　yúkuài　형　유쾌하다
22. 全家　quánjiā　명　전가족, 온집안
23. 和睦　hémù　형　화목하다

哥哥 오빠/형
gēge

姐姐 언니/누나
jiějie

弟弟 남동생
dìdi

妹妹 여동생
mèimei

儿子 아들
érzi

女儿 딸
nǚ'ér

孙子 손자
sūnzi

孙女 손녀
sūnnǚ

侄儿 남자 조카
zhí'ér

侄女 여자 조카
zhínǚ

岳父 장인
yuèfù

岳母 장모
yuèmǔ

2. 学校

중국의 교육과정은 우리와 같다.

幼儿园 ▶ 小学 ▶ 初中 ▶ 高中 ▶ 大学 ▶ 研究所
yòu'éryuán　xiǎoxué　chūzhōng　gāozhōng　dàxué　yánjiūsuǒ
유치원　초등학교　중학교　고등학교　대학교　대학원

3. 동사술어문 (2)

술어 앞에 수식성분인 상황어(부사어)가 놓여 술어의 시간·장소·목적·범위 등을 나타낼 때 어순은 다음과 같다. 상황어로는 개사(구)·시간사·장소사·형용사·부사 등이 쓰일 수 있다.

> 주어 + 상황어 + 술어 + (목적어)

我早上7点起床。　나는 아침 7시에 일어난다.
Wǒ zǎoshang qī diǎn qǐchuáng.

他好好儿地念书。　그는 열심히 공부한다.
Tā hǎohāor de niànshū.

他在北京学习汉语。　그는 북경에서 중국어를 공부한다.
Tā zài Běijīng xuéxí Hànyǔ.

1. 확장연습

<table>
<tr><td>人</td><td>学生</td></tr>
<tr><td>五口人</td><td>大学生</td></tr>
<tr><td>有五口人</td><td>是大学生</td></tr>
<tr><td>我家有五口人</td><td>哥哥是大学生</td></tr>
</table>

2. 다음 질문에 대답하세요.

1) 你家有几口人?

　　____。

2) 你爸爸是老师吗?

　　____。

3) 你有几个姐姐?

　　____。

4) 你哥哥是大学生吗?

　　____。

5) 你爷爷有几个儿子?

　　____。

3. 다음을 부정문으로 바꿔 보세요.

1) 她是韩国人。

　　____。

2) 我是学生。

　　____。

3) 妈妈是大夫。

　　____。

4) 爸爸是老师。

<u>　　　　　　　　　　　　　　　　　　　</u>。

5) 明天是星期日。

<u>　　　　　　　　　　　　　　　　　　　</u>。

4. 다음을 중국어로 말해 보세요.

1) 남동생은 중학생입니다.

<u>　　　　　　　　　　　　　　　　　　　</u>。

2) 할아버지는 의사입니다.

<u>　　　　　　　　　　　　　　　　　　　</u>。

3) 삼촌은 여자 조카가 3명 있습니다.

<u>　　　　　　　　　　　　　　　　　　　</u>。

4) 누나는 대학생입니다.

<u>　　　　　　　　　　　　　　　　　　　</u>。

5) 이모는 아들 2명이 있습니다.

<u>　　　　　　　　　　　　　　　　　　　</u>。

5. 아래 어휘를 조합하여 완전한 문장을 만드세요.

1) 家　人　我　有　口　四

<u>　　　　　　　　　　　　　　　　　　　</u>。

2) 爸爸　妈妈　是　大夫　老师　是

<u>　　　　　　　　　　　　　　　　　　　</u>。

3) 是　弟弟　大学生　中学生　姐姐　是

<u>　　　　　　　　　　　　　　　　　　　</u>。

1. 상용형용사

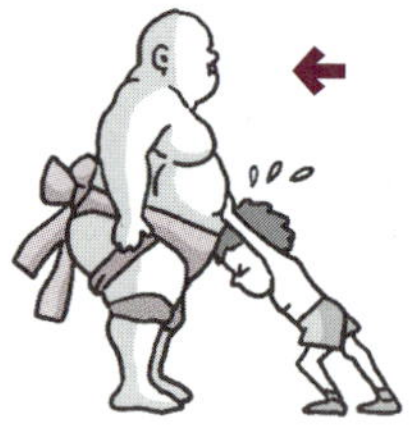

[大 dà 크다]	[小 xiǎo 작다]	[高 gāo 키가 크다]	[矮 ǎi 키가 작다]
[胖 pàng 뚱뚱하다]	[瘦 shòu 마르다]	[长 cháng 길다]	[短 duǎn 짧다]
[好 hǎo 좋다]	[坏 huài 나쁘다]	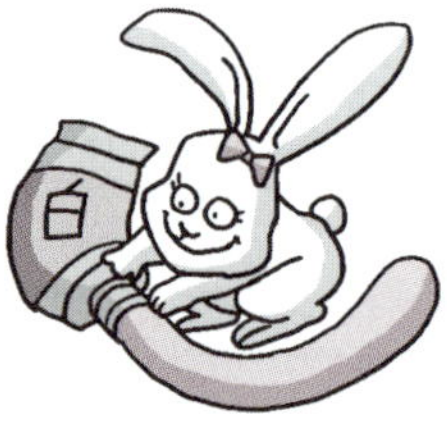 [白 bái 희다]	[黑 hēi 검다]
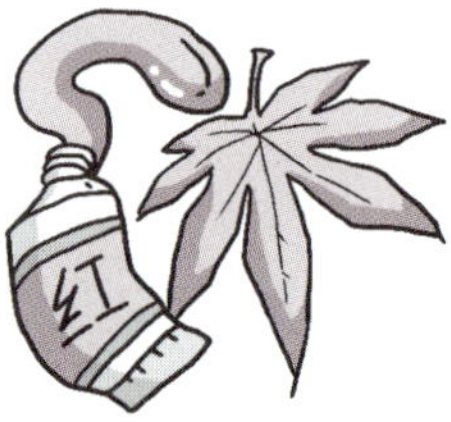 [红 hóng 붉다]	[绿 lǜ 푸르다]	[老 lǎo 늙다]	[少 shǎo 젊다]

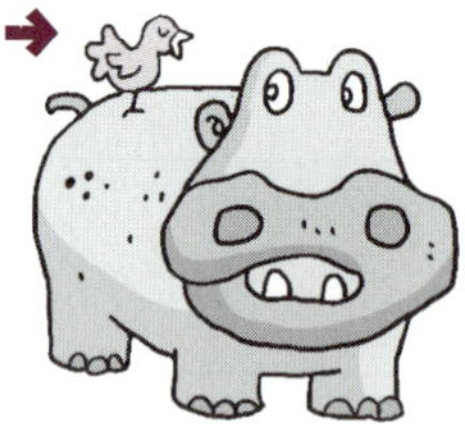

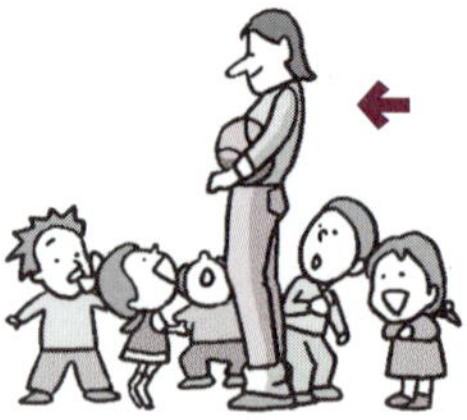

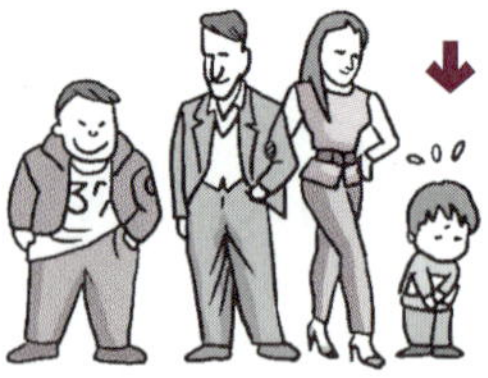

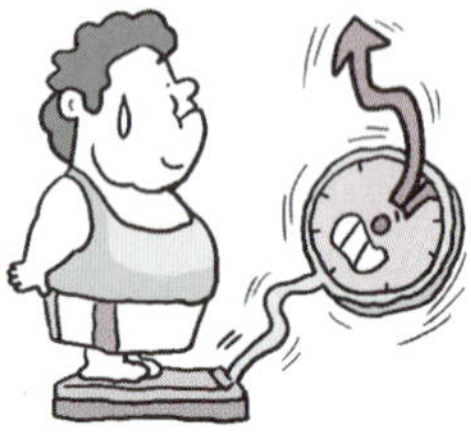

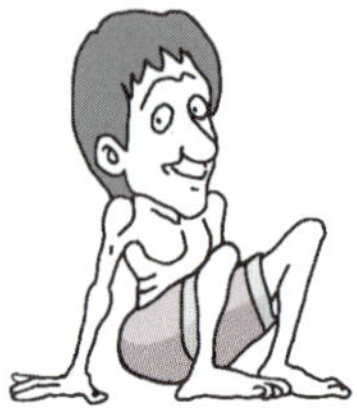

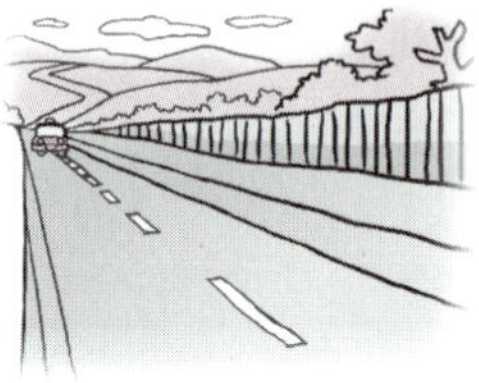

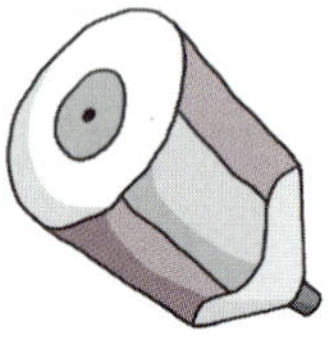

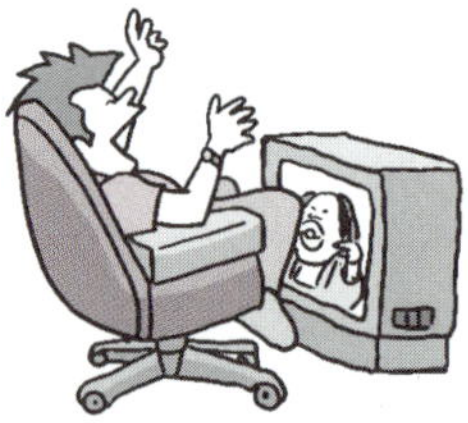

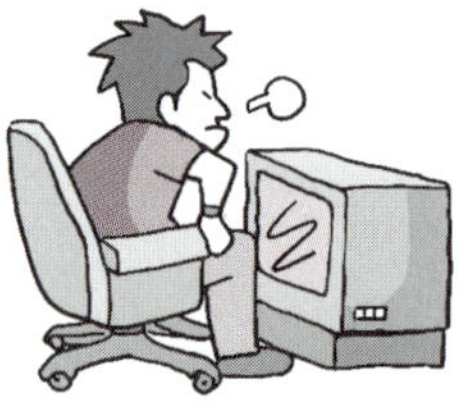

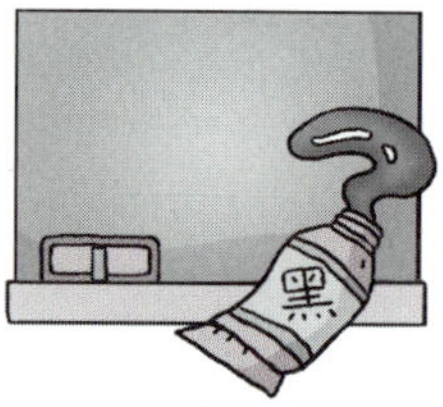

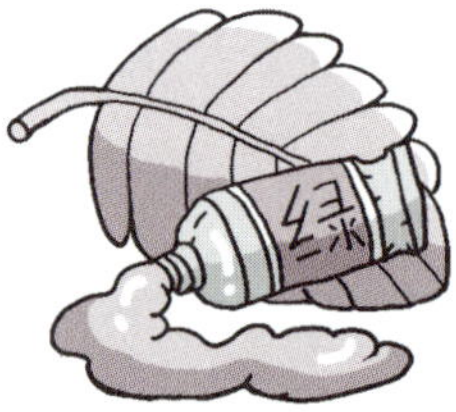

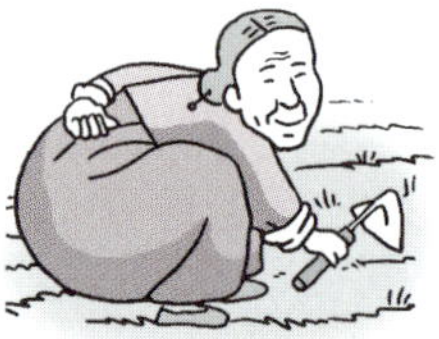

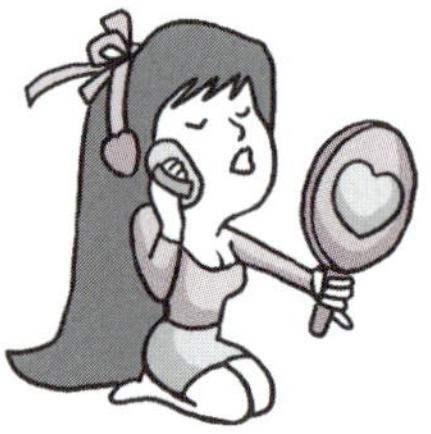

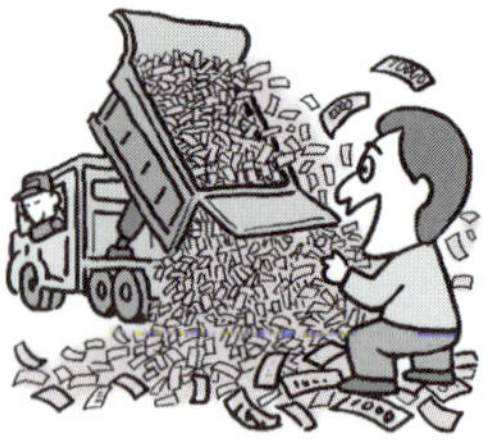

[多 duō 많다]

[漂亮 piàoliang 예쁘다]　　　　[高兴 gāoxìng 좋아하다, 기뻐하다]

[清楚 qīngchu 분명하다]　　　　[干净 gānjìng 깨끗하다]

[安静 ānjìng 안정하다]　　　　[热闹 rènao 번화하다, 떠들썩하다]

[整齐 zhěngqí 단정하다, 정연하다]

[老师 lǎoshī 선생님]

[医生 yīshēng 의사]

[工程师 gōngchéngshī 기사(技師)]

[律师 lǜshī 변호사]

[护士 hùshi 간호사]

[导游 dǎoyóu 관광안내원]

[工人 gōngrén 노동자]

[农民 nóngmín 농민]

[歌手 gēshǒu 가수]

[演员 yǎnyuán 배우]

[导演 dǎoyǎn 연출자, 감독]

[作家 zuòjiā 작가]

[厨师 chúshī 요리사]

[翻译官 fānyìguān 통역관]

[运动选手 yùndòng xuǎnshǒu 운동선수]

我 的 生 日
Wǒ　　de　　shēngrì

昨天 是 5月 31 号，是 我 的 生日。我 的 生日 是
Zuótiān shì wǔyuè sānshíyī hào, shì wǒ de shēngrì. wǒ de shēngrì shì

阴历 4月 20 号，阳历 5月 31 号。妈妈 给 我 买 了 一
yīnlì sìyuè èrshí hào, yánglì wǔyuè sānshíyī hào. Māma gěi wǒ mǎi le yì

条 裙子，爸爸 给 我 买 了 一 个 生日 蛋糕，哥哥 给 我
tiáo qúnzi, bàba gěi wǒ mǎi le yí ge shēngrì dàngāo, gēge gěi wǒ

买 了 一 本 画报，弟弟 给 我 买 了 一 盒 铅笔。我们
mǎi le yì běn huàbào, dìdi gěi wǒ mǎi le yì hé qiānbǐ. Wǒmen

在 饭店 吃 了 一 顿 丰盛 的 晚餐。晚饭 以后 我们
zài fàndiàn chī le yí dùn fēngshèng de wǎncān. Wǎnfàn yǐhòu wǒmen

全家人 又 一起 去 了 卡拉OK。在 卡拉OK，我们 又 唱歌
quánjiārén yòu yìqǐ qù le kǎlā OK. Zài kǎlā OK, wǒmen yòu chànggē

又 跳舞，玩儿 得 愉快 极 了。
yòu tiàowǔ, wánr de yúkuài jí le.

1. 号

'일(日)'을 나타내는 말로 구어체에서 자주 사용된다.

一月三十号 1월 30일
yīyuè sānshí hào

三月二号 3월 2일
sānyuè èr hào

2. 给

'给(…향하여, …에게)'는 행위를 받는 동작의 대상을 이끌어 내는 역할을 한다. 어순은 「给 +동작대상+동사」의 형태로 사용된다.

校长给全体学生讲话。 교장 선생님이 전체 학생들에게 말씀하신다.
Xiàozhǎng gěi quántǐ xuésheng jiǎnghuà.

他给我们当翻译。 그는 우리에게 통역이 되어 주었다.
Tā gěi wǒmen dāng fānyì.

새단어 生词

1. 昨天 zuótiān 명 어제
2. 号 hào 명 일(날짜를 가리킴)
3. 生日 shēngrì 명 생일
4. 阴历 yīnlì 명 음력
5. 阳历 yánglì 명 양력
6. 给 gěi 개 …에게
7. 条 tiáo 양 가늘고 긴 것을 세는 양사
8. 裙子 qúnzi 명 치마
9. 蛋糕 dàngāo 명 케이크
10. 本 běn 양 권
11. 画报 huàbào 명 화보
12. 盒 hé 양 상자, 갑
13. 铅笔 qiānbǐ 명 연필
14. 饭店 fàndiàn 명 호텔, 식당
15. 顿 dùn 양 번, 차례, 끼니 (식사, 꾸중, 타이름, 구타, 욕하는 행위 등을 셀 때 쓰임)
16. 丰盛 fēngshèng 형 풍부하다, 성대하다
17. 晚餐 wǎncān 명 저녁식사
18. 晚饭 wǎnfàn 명 저녁식사
19. 以后 yǐhòu 명 이후, 금후
20. 全家人 quánjiārén 명 전 가족
21. 又 yòu 부 다시, 또
22. 一起 yìqǐ 부 함께, 같이
23. 卡拉OK kǎlā OK 명 가라오케
24. 唱歌 chànggē 동 노래하다
25. 跳舞 tiàowǔ 동 춤을 추다
26. 玩儿 wánr 동 놀다
27. 极 jí 부 아주, 대단히

3. 동태조사 '了'

중국어는 글자의 형태 변화가 없기 때문에 동사 뒤에 여러 조사를 덧붙여 동작의 상태를 표현한다. 동사 뒤에 조사 '了'를 붙이면 동작의 실현이나 완료를 나타내며, 과거 동작의 완료나 현재, 미래 어느 때에도 쓸 수 있다.

下课了。 수업을 마쳤다.
Xià kè le.

他来了，我们就走。 그가 오면 우리 바로 갑시다.
Tā lái le, wǒmen jiù zǒu.

我看了今天的报纸。 나는 오늘 신문을 읽었다.
Wǒ kàn le jīntiān de bàozhǐ.

4. 양사 (2)

수량 단위를 나타내는 양사는 명량사와 동량사로 나뉜다. 수사와 명사 사이에서 명사의 수량 단위를 나타내는 양사를 명량사라 하고, 수사와 동사 사이에서 동사와 관련된 횟수를 나타내는 양사를 동량사라고 한다. 여기에서는 먼저 자주 쓰이는 몇 가지 명량사를 살펴보자.

양사	용 도	예
条	기다란 선(条)형의 사물이나 일부 짐승에 사용되는 단위. 鱼，狗，毛巾，河，蛇，路，裤子 등 yú gǒu máojīn hé shé lù kùzi	给我一条毛巾。 제게 수건 한 장 주세요. Gěi wǒ yì tiáo máojīn. 那条河最长。 저 강이 가장 길다. Nà tiáo hé zuì cháng.
个	가장 사용 범위가 넓은 양사로 가볍고 부담 없는 의미를 줌. 人，手表，目的，用法，办法 등 rén shǒubiǎo mùdì yòngfǎ bànfǎ	里面坐着三个人。 안에 세 사람이 앉아 있다. Lǐmiàn zuòzhe sān ge rén. 每个人都喜欢吃葡萄。 Měige rén dōu xǐhuan chī pútao. 사람들 모두 포도 먹는 것을 좋아한다.
本	서적류를 세는 단위. 书，词典，杂志 등 shū cídiǎn zázhì	我买了一本中韩词典。 Wǒ mǎi le yì běn Zhōng-Hán cídiǎn. 나는 중한사전을 한 권 샀다.
盒	작은 상자를 세는 단위.	一盒香烟 담배 한 갑 yì hé xiāngyān 一盒铅笔 연필 한 상자 yì hé qiānbǐ

5. 又…, 又~

'又…, 又~(…하고, ~하다)'를 써서 몇 개의 동작이나 상황이 연속하여 발생하거나 동시에 존재함을 나타낸다. 뒤에 형용사나 동사가 온다.

他又吃苹果，又吃梨。　그는 사과도 먹고, 배도 먹었다.
Tā yòu chī píngguǒ, yòu chī lí.

大家又唱歌，又跳舞。　모두 노래도 하고 춤도 춘다.
Dàjiā yòu chànggē, yòu tiàowǔ.

6. 정도보어

동사나 형용사 뒤에 위치하여 동작이나 상태가 도달한 정도를 평가·설명·묘사하는 성분을 정도보어라고 한다. 정도보어는 대체로 형용사와 부사로 이루어지며 조사 '得'로 이끈다.

他跑得很快。　그는 아주 빨리 달린다.
Tā pǎo de hěn kuài.

学生说得很清楚。　학생이 명료하게 말한다.
Xuésheng shuō de hěn qīngchu.

구조조사 '得' 다음에 '很 hěn, 慌 huāng, 要死 yàosǐ, 要命 yàomìng, 不得了 bùdeliǎo, 厉害 lìhài'를 붙여 '대단히/지독히/매우 …하다' 등으로 표현할 수 있는데, 모두 정도가 매우 심하다는 뜻을 나타내는 보어가 된다.

他高兴得很。　그는 매우 기쁘다.
Tā gāoxìng de hěn.

这几天冷得要命。　요 며칠 지독히 추웠다.
Zhè jǐ tiān lěng de yàomìng.

구조조사 '得' 없이, '透 tòu, 死 sǐ, 坏 huài, 极 jí'를 보어로 하고 뒤에 '了'를 붙여도 정도가 매우 심함을 나타낸다.

比赛精彩极了。 경기가 대단히 재미있었다.
Bǐsài jīngcǎi jí le.

我累死了。 피곤해 죽겠다.
Wǒ lèisǐ le.

今天热透了。 오늘은 매우 덥다.
Jīntiān rètòu le.

语法

1. 확장연습

生日蛋糕   看电影

买一个生日蛋糕   去电影院看电影

给我买一个生日蛋糕   我们一起去电影院看电影

爸爸给我买了一个生日蛋糕   晚上我们一起去电影院看电影

2. 다음 질문에 대답해 보세요.

1) 你的生日是阳历几月几号?

  ____。

2) 端午节(Duānwǔ Jié, 단오절)是阴历几月几号?

  ____。

3) 爸爸给你买什么礼物?

  ____。

4) 你有几条裤子?

  ____。

5) 我给朋友写了一封(fēng, 통) 信(xìn, 편지)。

  ____。

3. 밑줄 친 곳에 알맞은 양사를 적어 보세요.

1) 다음 주 월요일은 내 생일입니다.

  ⇒ 下______星期一是我的生日。

2) 언니는 나에게 연필 한 상자를 사 주었습니다.

  ⇒ 姐姐给我买了一______铅笔。

3) 나는 중국어 소설책 두 권을 샀습니다.

  ⇒ 我买了两______中文小说。

4) 엄마는 나에게 치마 한 벌을 사 주었습니다.

　　⇒ 妈妈给我买了一 _____ 裙子。

5) 우리 집 앞에는 강이 있습니다.

　　⇒ 我家前边有一 _____ 河。

4. 정도부사를 이용하여 완전한 문장을 만들어 보세요.

1) 요 며칠은 지독히 더웠다.

　　⇒ 这几天热得 ___________ 。

2) 그는 아주 빨리 달린다.

　　⇒ 他跑得 ___________ 。

3) 우리는 대단히 기쁘다.

　　⇒ 我们高兴 ___________ 。

4) 선생님은 분명히 말씀하셨다.

　　⇒ 老师讲得很 ___________ 。

5. 다음을 우리말로 해석해 보세요.

1) 我等他等了三个钟头。

　　____.

2) 我每天晚上都做作业。

　　____.

3) 阴历一月一号是春节。

　　____.

4) 老师给学生讲故事。

　　____.

5) 昨天我们玩得真高兴。

　　____.

▶재미있게 읽어 보세요.

他 说 羞 耻

― 그가 부끄럽다고 한다 ―

一群大学生在一家旅馆的房间里纵酒狂欢。

旅馆的招待员走过来说：

"你们不要这样大喊大叫！隔壁那位先生说他不能看书。"

"你去告诉他。"一个大学生说，"他应该感到惭愧，我五岁就能看书。"

한 무리의 대학생들이 여관방에서 술을 마시며 마구 놀았다. 여관에 근무하는 직원이 와서 "당신들 이렇게 큰소리로 외치지 마세요! 옆방에 계신 저 선생님이 책을 볼 수 없대요."라고 하니, 한 대학생이 "당신이 가서 그에게 알려주세요! 그는 부끄럽게 여겨야 해요, 난 5살 때부터 책을 볼 수 있었다구요."라고 하였다.

보충단어

1. 群 qún ㉝ 무리
2. 旅馆 lǚguǎn ㉙ 여관
3. 纵酒 zòngjiǔ ㉕ 절제없이 술을 마시다
4. 狂欢 kuánghuān ㉕ 마음껏 즐기다
5. 招待 zhāodài ㉕ 접대하다
6. 员 yuán ㉙ 어떤 분야에 종사하는 사람
7. 大喊大叫 dà hǎn dà jiào ㉕ 큰소리로 외치다
8. 隔壁 gébì ㉙ 이웃, 옆방
9. 惭愧 cánkuì ㉗ 부끄럽다

我 叫 金 英 玉。
Wǒ jiào Jīn Yīngyù.

我 姓 金，叫 英玉。我 是 中庆 大学 一 年级 的
Wǒ xìng Jīn, jiào Yīngyù. Wǒ shì Zhōngqìng Dàxué yì niánjí de

学生。我 的 专业 是 中国语 专业。我们 的 专业 有 80
xuésheng. Wǒ de zhuānyè shì Zhōngguóyǔ zhuānyè. Wǒmen de zhuānyè yǒu bāshí

个 学生。6 位 教授，4 位 女 教授，两 位 男 教授。教授们
ge xuésheng. Liù wèi jiàoshòu, sì wèi nǚ jiàoshòu, liǎng wèi nán jiàoshòu. jiàoshòumen

都 很 认真 地 教 我们，我们 也 很 努力 地 学习。
dōu hěn rènzhēn de jiāo wǒmen, wǒmen yě hěn nǔlì de xuéxí.

我 将来 的 希望 是 当 一 个 中文 翻译官。所以，我
Wǒ jiānglái de xīwàng shì dāng yí ge Zhōngwén fānyìguān. Suǒyǐ, wǒ

不但 很 努力 地 学习 中国语，而且 也 很 努力 地 学习
búdàn hěn nǔlì de xuéxí Zhōngguóyǔ, érqiě yě hěn nǔlì de xuéxí

中国 历史 和 文化。中国 历史 虽然 很 难，但是 很 有
Zhōngguó lìshǐ hé wénhuà. Zhōngguó lìshǐ suīrán hěn nán, dànshì hěn yǒu

意思。如果 明年 有 机会 的 话，我 想 利用 假期 去 中国
yìsi. Rúguǒ míngnián yǒu jīhuì de huà, wǒ xiǎng lìyòng jiàqī qù Zhōngguó

的 大学 进行 语言 研修。
de dàxué jìnxíng yǔyán yánxiū.

어법 다지기

1. 구조조사

구조조사 '的, 地, 得'의 발음은 모두 경성 'de'로 같지만 쓰임은 분명한 차이가 있다. 아래에서 각각의 용법을 살펴보자.

	용 법	예
的	한정어와 중심어를 연결하는 것으로 한정어의 표지이다.	这是他的手机。 Zhè shì tā de shǒujī. 이것은 그의 핸드폰이다. 我买了十点的车票。 Wǒ mǎi le shí diǎn de chēpiào. 나는 10시 차표를 샀다.

새단어 生词

1. 姓　xìng　동 성이 …이다
2. 金英玉　Jīn Yīngyù　명 김영옥(인명)
3. 大学　dàxué　명 대학교
4. 年级　niánjí　명 학년
5. 专业　zhuānyè　명 전공, 전문
6. 位　wèi　양 분, 명
7. 教授　jiàoshòu　명 교수
8. 女　nǚ　명 여자
9. 男　nán　명 남자
10. 认真　rènzhēn　형 성실하다, 진지하다
11. 地　de　조 구조조사
12. 教　jiāo　동 가르치다
　　　jiào　명 가르침, 교육
13. 努力　nǔlì　동 노력하다, 힘쓰다
14. 将来　jiānglái　명 장래, 미래
15. 希望　xīwàng　동 희망하다
16. 当　dāng　동 (…의 일을) 맡다, (직무를) 담당하다

17. 翻译官　fānyìguān　명 통·번역사
18. 所以　suǒyǐ　접 그래서
19. 不但…, 而且~　búdàn…, érqiě~　접 …뿐만 아니라 ~도 하다
20. 中国语　Zhōngguóyǔ　명 중국어
21. 历史　lìshǐ　명 역사
22. 文化　wénhuà　명 문화
23. 虽然…但是~　suīrán… dànshì~　접 비록 …일지라도 ~
24. 如果…的话　rúguǒ…de huà　접 만약 …라면
25. 明年　míngnián　명 내년
26. 机会　jīhuì　명 기회
27. 利用　lìyòng　동 이용하다
28. 假期　jiàqī　명 (휴일, 방학 등의) 기간
29. 进行　jìnxíng　동 진행하다
30. 语言　yǔyán　명 언어
31. 研修　yánxiū　동 연수하다

	용 법	예
地	부사어와 그 중심어를 연결하는 부사어의 표지이다.	他很激动地说。 Tā hěn jīdòng de shuō. 그는 아주 흥분하여 말했다. 他们认真地学习。 Tāmen rènzhēn de xuéxí. 그들은 열심히 공부한다.
得	보어와 그 중심어를 연결하여 정도나 가능을 나타낸다.	他说汉语说得很好。 Tā shuō Hànyǔ shuō de hěn hǎo. 그는 중국어를 아주 잘 말한다. 今天天气热得很。 Jīntiān tiānqì rè de hěn. 오늘 날씨는 매우 덥다.

2. 不但…, 而且~

우리말의 '…뿐만 아니라 ~도'에 해당하는 말로, 말하는 뜻 이외에 한층 진일보한 뜻을 나타낸다. 접속사 '不但'은 앞뒤 문장의 주어가 같을 경우 주어 뒤에 사용되고, 주어가 다를 경우 주어 앞에 놓는다. 또한 '不但'은 반드시 '而且 érqiě, 并且 bìngqiě, 也 yě, 还 hái, 又 yòu'와 호응하여 사용된다.

他不但老实, 而且还很能干。
Tā búdàn lǎoshí, érqiě hái hěn nénggàn.
그는 솔직할 뿐만 아니라 아주 유능하다.

他不但会说汉语, 还会说英语。
Tā búdàn huì shuō Hànyǔ, hái huì shuō Yīngyǔ.
그는 중국어뿐만 아니라 영어도 말할 줄 안다.

3. 虽然…, 但是~

우리말의 '비록 …이지만, 그러나 ~하다'에 해당한다. 앞 구절의 사실과 다른 뒷 구절의 사실을 강조한다.

虽然他看过这个电影，但是今天又看了一遍。
Suīrán tā kànguò zhège diànyǐng, dànshì jīntiān yòu kàn le yí biàn.
비록 그는 이 영화를 봤었지만 오늘 다시 한 번 보았다.

虽然雨下得不小，但是我们还是出去玩儿了。
Suīrán yǔ xià de bù xiǎo, dànshì wǒmen háishì chūqù wánr le.
비록 비는 많이 내렸지만 우리는 그래도 나가서 놀았다.

4. 如果…(的话), ~

우리말의 '만약 …라면 ~하다'에 해당하는 말로, 앞 구절에서는 상황을 가정하고, 뒷 구절에서는 가정된 상황에서 발생될 결과나 추측을 나타낸다.

如果你明天有事的话，就不用来了。
Rúguǒ nǐ míngtiān yǒu shì de huà, jiù búyòng lái le.
만약 내일 일이 있으면 올 필요가 없다.

如果你们都去游泳，我就去游泳。
Rúguǒ nǐmen dōu qù yóuyǒng, wǒ jiù qù yóuyǒng
만약 너희들 모두 수영하러 가면 나도 수영하러 갈 것이다.

1. 확장연습

> 学生
> 一年级的学生
> 中庆大学一年级的学生
> 我是中庆大学一年级的学生
>
> 中国语
> 学习中国语
> 努力地学习中国语
> 我很努力地学习中国语

2. 다음 질문에 대답해 보세요.

1) 你是几年级的学生?

　　____ 。

2) 你们专业有多少个学生?

　　____ 。

3) 你们专业有几位教授?

　　____ 。

4) 你们学什么?

　　____ 。

3. 밑줄 친 곳에 알맞은 구조조사(的, 地, 得)를 넣어 보세요.

1) 他写字写 ＿＿＿ 很漂亮。

2) 我们很认真 ＿＿＿ 学习。

3) 这是他 ＿＿＿ 书。

4) 她很高兴 ＿＿＿ 回家去了。

5) 她说汉语说 ＿＿＿ 很好。

4. 다음 문장을 우리말로 해석해 보세요.

1) 她不但非常聪明，而且还很用功。

____.

2) 今天天气热得很。

____.

3) 我们看了七点的电影。

____.

4) 我将来的希望是当一个老师。

____.

5) 她不但会说日语，还会说汉语。

____.

5. 아래 어휘를 조합하여 완전한 문장을 만들어 보세요.

1) 都　教　我们　认真地　很　教授们

____。

2) 而且　中国　和　不但　学习　文化　中国语　我　努力地　历史　很　学习

____

____。

我们 学校
Wǒmen xuéxiào

我们 学校 在 杨亭洞，我们 学校 很 大，也 很 漂亮。
Wǒmen xuéxiào zài Yángtíngdòng, wǒmen xuéxiào hěn dà, yě hěn piàoliang.

我们 的 教室 很 干净。教室 里 有 40 张 蓝色 的 桌子
Wǒmen de jiàoshì hěn gānjìng. Jiàoshì lǐ yǒu sìshí zhāng lánsè de zhuōzi

和 42 把 白色 的 椅子。教室 里 还有 绿色 的 黑板 和
hé sìshí'èr bǎ báisè de yǐzi. Jiàoshì lǐ háiyǒu lǜsè de hēibǎn hé

彩色 电视。我们 每天 9 点 上课。差 不 多 每天 下午 5
cǎisè diànshì. Wǒmen měitiān jiǔ diǎn shàngkè. Chà bu duō měitiān xiàwǔ wǔ

点 放学。放学 以后，有的 学生 回家，有的 学生 去 打工，
diǎn fàngxué. Fàngxué yǐhòu, yǒude xuésheng huíjiā, yǒude xuésheng qù dǎgōng,

有的 学生 留 在 学校 图书馆 继续 学习。现在 由于 生活
yǒude xuésheng liú zài xuéxiào túshūguǎn jìxù xuéxí. Xiànzài yóuyú shēnghuó

紧张，学习 繁忙，放学 以后 在 操场 踢 足球，打 篮球 的
jǐnzhāng, xuéxí fánmáng, fàngxué yǐhòu zài cāochǎng tī zúqiú, dǎ lánqiú de

人 越来越 少 了。
rén yuèláiyuè shǎo le.

1. 在

사람이나 사물의 존재를 나타내는 '在'와 '有'는 모두 '있다'로 해석되는데, 사용 방법은 차이가 있다.

	용 법	예
在	존재하는 사람이나 사물 + 在 + 장소	妈妈在家。 Māma zài jiā. 엄마는 집에 계신다. 我的狗在院子里。 Wǒ de gǒu zài yuànzi lǐ. 내 개는 정원에 있다.

새단어 生词

1. 学校　xuéxiào　몡 학교
2. 在　zài　동 …에 있다
3. 杨亭　yángtíng　몡 양정(지명)
4. 洞　dòng　몡 동(행정구역)
5. 漂亮　piàoliang　휑 예쁘다
6. 教室　jiàoshì　몡 교실
7. 干净　gānjìng　휑 깨끗하다
8. 张　zhāng　양 장
9. 蓝色　lánsè　몡 남색, 파란색
10. 桌子　zhuōzi　몡 책상
11. 把　bǎ　양 손잡이 있는 물건 세는 단위.
12. 白色　báisè　몡 흰색
13. 椅子　yǐzi　몡 의자
14. 绿色　lǜsè　몡 녹색
15. 黑板　hēibǎn　몡 칠판
16. 彩色　cǎisè　몡 칼라
17. 电视　diànshì　몡 TV
18. 每天　měitiān　몡 매일
19. 点　diǎn　몡 시(時)
20. 上课　shàngkè　동 수업하다
21. 差不多　chà bu duō　휑 큰 차이가 없다, 거의 비슷하다
22. 下午　xiàwǔ　몡 오후
23. 放学　fàngxué　동 하교하다(=下学)
24. 以后　yǐhòu　몡 이후
25. 有的　yǒude　때 어떤 (것, 사람)
26. 回家　huíjiā　동 귀가하다
27. 打工　dǎgōng　동 아르바이트하다
28. 留　liú　동 머무르다
29. 图书馆　túshūguǎn　몡 도서관
30. 继续　jìxù　분 계속
31. 紧张　jǐnzhāng　휑 긴장하다, 바쁘다
32. 繁忙　fánmáng　휑 번거롭고 바쁘다
33. 操场　cāochǎng　몡 운동장
34. 踢　tī　동 (다리를 들어 발로) 차다
35. 足球　zúqiú　몡 축구
36. 打　dǎ　동 치다, 두드리다
37. 篮球　lánqiú　몡 농구

	용 법	예
有	장소 + 有 + 존재하는 사람이나 사물	前边有一条河。 Qiánbiān yǒu yì tiáo hé. 앞쪽에 한 줄기 강이 있다. 桌子上有一本书。 Zhuōzi shàng yǒu yì běn shū. 책상 위에 책 한 권이 있다.

2. 관형어의 어순

명사성 중심어를 제한하는 수식어를 관형어(한정어)라고 하는데, 수량 · 시간 · 장소 · 범위 등을 제한하는 제한성 관형어가 성질 · 상태 · 특징 · 용법 · 재료 등을 묘사하는 묘사성 관형어 앞에 위치한다.

教室里有40张蓝色的桌子。　교실에는 남색 의자가 40개 있다.
Jiàoshì lǐ yǒu sìshí zhāng lánsè de zhuōzi.

他穿着一件白色的衣服。　그는 흰 색 옷을 한 벌 입고 있다.
Tā chuānzhe yí jiàn báisè de yīfu.

你昨天在南大门市场买的那三件白衬衫很好。
Nǐ zuótiān zài Nándàmén Shìchǎng mǎi de nà sān jiàn bái chènshān hěn hǎo.
네가 어제 남대문 시장에서 산 그 흰 셔츠 세 벌은 아주 괜찮다.

3. 양사 (3)

다음 두 가지 양사를 살펴보자.

양사	용 도	예
张	종이류나 책상 · 침대 등 평평하고 넓은 표면을 가진 것, 혹은 입 · 부리 등을 세는 단위. 桌子, 床, 地图, 纸, 票, 照片, 嘴, 口 zhuōzi chuáng dìtú zhǐ piào zhàopiàn zuǐ kǒu 등	这张床太硬。이 침대는 너무 딱딱하다. Zhè zhāng chuáng tài yìng. 房间里有两张桌子。 Fángjiān lǐ yǒu liǎng zhāng zhuōzi. 방안에는 책상 두 개가 있다.

양사	용 도	예
把	손잡이가 있는 기구나 나이·힘·능력 등의 추상적인 사물에 쓰임. 椅子, 刀, 扇子, 钥匙, 剪子, 年纪, yǐzi dāo shànzi yàoshi jiǎnzi niánjì 劲儿, 力气 등 jìnr lìqi	我都一大把年纪了, 还怕什么? Wǒ dōu yí dà bǎ niánjì le, hái pà shénme? 나는 이미 나이가 많으니 뭐가 더 두렵겠는가? 这儿有三十把椅子。 Zhèr yǒu sānshí bǎ yǐzi. 여기에 30개의 의자가 있다.

4. 방위사 (1) '里'

방향이나 위치를 나타내는 방위사 '里'는 다른 낱말의 뒤에 붙이거나, '里' 뒤에 '边, 面, 头' 등을 붙여 방향이나 위치를 나타내는 데 사용한다.

老师在教室里。 선생님은 교실에 계신다.
Lǎoshī zài jiàoshì lǐ.

家里没有人。 집에는 아무도 없다.
Jiā lǐ méiyǒu rén.

请里边坐。 안쪽으로 앉으세요.
Qǐng lǐbiān zuò.

这个箱子里面有什么? 이 상자 안에는 뭐가 들었습니까?
Zhège xiāngzi lǐmiàn yǒu shénme?

5. 差不多

우리말의 '거의, 대체로'에 해당하는 말로 수량이나 정도의 차이가 거의 없이 근접함을 나타낼 때 사용한다.

他俩的个子差不多。 그 둘의 키는 비슷하다.
Tā liǎ de gèzi chà bu duō.

我们的中文水平差不多。 우리의 중국어 실력은 비슷하다.
Wǒmen de Zhōngwén shuǐpíng chà bu duō.

6. 有的…, 有的…

'有的'는 사람이나 사물의 일부분을 나타내는데 일반적으로 '有的…'와 '有的…'가 호응되어 사용된다.

他的中文书很多，有的是在韩国买的，有的是在中国买的。
Tā de Zhōngwén shū hěn duō, yǒude shì zài Hánguó mǎi de, yǒude shì zài Zhōngguó mǎi de.
그는 중국어 책이 아주 많은데, 어떤 것은 한국에서 산 것이고, 어떤 것은 중국에서 산 것이다.

明天我们班的学生有的去看电影，有的去游泳。
Míngtiān wǒmen bān de xuésheng yǒude qù kàn diànyǐng, yǒude qù yóuyǒng.
내일 우리 반 학생들은 일부는 영화를 보러 가고, 일부는 수영하러 갈 것이다.

1. 확장연습

<table>
<tr><td>桌子</td><td>放学</td></tr>
<tr><td>蓝色的桌子</td><td>下午5点放学</td></tr>
<tr><td>40张蓝色的桌子</td><td>每天下午5点放学</td></tr>
<tr><td>教室里有40张蓝色的桌子</td><td>我们差不多每天下午5点放学</td></tr>
</table>

2. 다음 질문에 대답해 보세요.

1) 你们学校在哪儿?

____。

2) 你们教室怎么样?

____。

3) 你们几点上课?

____。

4) 放学以后, 你做什么?

____。

3. 밑줄 친 곳에 '在, 有' 중 알맞은 말을 선택하세요.

1) 桌子上 ______ 一本中韩词典。

2) 老师 ______ 教室里。

3) 房间里 ______ 两张床。

4) 妈妈的钱包 ______ 沙发上。

5) 前边 ＿＿＿＿＿一条河。

5. 아래 어휘를 조합하여 완전한 문장을 만들어 보세요.

1) 学生　　去　　家　　打工　　有的　　学生　　回　　有的

＿＿＿＿＿＿＿＿＿＿＿＿＿＿＿＿＿＿＿＿＿＿＿＿＿＿＿＿。

2) 40张　　的　　教室　　蓝色　　里　　桌子　　有

＿＿＿＿＿＿＿＿＿＿＿＿＿＿＿＿＿＿＿＿＿＿＿＿＿＿＿＿。

3) 放学　　5点　　下午　　差不多　　早上　　每天　　上课　　10点

＿＿＿＿＿＿＿＿＿＿＿＿＿＿＿＿＿＿＿＿＿＿＿＿＿＿＿＿。

4) 在　　学习　　学校　　继续　　留　　有的　　图书馆　　学生

＿＿＿＿＿＿＿＿＿＿＿＿＿＿＿＿＿＿＿＿＿＿＿＿＿＿＿＿。

5) 里　　椅子　　20把　　教室　　还有　　白色　　的

＿＿＿＿＿＿＿＿＿＿＿＿＿＿＿＿＿＿＿＿＿＿＿＿＿＿＿＿。

▶재미있게 읽어 보세요.

画 家

— 화가 —

"这次画展有你的东西吗？"

"有点小东西，当然比不上您的画。"

"挂出来了吗？"

"挂出来了，就在入口处边上最显眼的地方。"

"祝贺你，我一定去看一下，画的是什么？"

"一块标明'公厕往右'的路牌。"

"이번 그림 전시회에 당신의 그림이 있습니까?"
"작은 것 하나 있어요, 당연히 당신의 그림보다는 못하죠."
"전시했습니까?"
"전시했죠, 바로 입구 바깥 쪽 가장 눈에 잘 띄는 자리에 있습니다."
"축하합니다. 제가 꼭 가볼게요, 무엇을 그렸나요?"
"'화장실은 오른쪽으로'라고 표시하는 팻말이요."

보충단어

1. **画展** huàzhǎn 명 그림 전시회
2. **显眼** xiǎnyǎn 형 눈에 띄다, 잘 보이다
3. **祝贺** zhùhè 명동 축하(하다)
4. **标明** biāomíng 동 명시하다
5. **公厕** gōngcè 명 공중화장실
6. **路牌** lùpái 명 이정표, 지시판

我 家 有 五 个 房间。
Wǒ jiā yǒu wǔ ge fángjiān.

我 家 在 釜山 市 镇区 凡一洞。我 家 是 楼房。我 住
Wǒ jiā zài Fǔshān shì Zhènqū Fányīdòng. Wǒ jiā shì lóufáng. Wǒ zhù

乐天 公寓 205 栋 1806 号。我 家 有 四 口 人。
Lètiān Gōngyù èr líng wǔ dòng yāo bā líng liù hào. Wǒ jiā yǒu sì kǒu rén.

爸爸、妈妈、妹妹 和 我。我 家 有 五 个 房间。一 个
bàba、māma、mèimei hé wǒ. Wǒ jiā yǒu wǔ ge fángjiān. yí ge

客厅，一 个 厨房，一 个 书房 和 两 个 寝室。爸爸 和
kètīng, yí ge chúfáng, yí ge shūfáng hé liǎng ge qǐnshì. Bàba hé

妈妈 住 一 个 寝室，我 和 妹妹 住 一 个 寝室。
māma zhù yí ge qǐnshì, wǒ hé mèimei zhù yí ge qǐnshì.

我 的 房间 不 大 也 不 小。我 的 房间 里 有 两
Wǒ de fángjiān bú dà yě bù xiǎo. wǒ de fángjiān lǐ yǒu liǎng

张 床，两 张 桌子 和 两 把 椅子。还有 一 个 很 大
zhāng chuáng, liǎng zhāng zhuōzi hé liǎng bǎ yǐzi. Háiyǒu yí ge hěn dà

的 书架。桌子 上 有 一 台 电话 和 一 个 台灯。我
de shūjià. Zhuōzi shàng yǒu yì tái diànhuà hé yí ge táidēng. Wǒ

常常 给 朋友 打 电话。
chángcháng gěi péngyou dǎ diànhuà.

1. 不大不小

의미가 비슷하거나 상반되는 단음절 동사 · 형용사 · 명사 · 수사 등을 '不A不B' 구문으로 써서 'A하지도 않고, B하지도 않다' 혹은 '딱 맞다, 적당하다'의 의미를 나타낸다.

这只鞋不大不小，正合适。　이 신발은 크지도 작지도 않고, 꼭 맞다.
Zhè zhī xié bú dà bù xiǎo, zhèng héshì.

他的个子不高不矮。　그는 키가 크지도 작지도 않다.
Tā de gèzi bù gāo bù ǎi.

2. 방위사 (2)

방위사는 방향이나 위치를 나타내는 단어이다. 방위사는 단순과 합성의 두 종류로 나뉘는데, 단순방위사 '东 dōng, 西 xī, 南 nán, 北 běi, 上 shàng, 下 xià, 前 qián, 后 hòu, 左 zuǒ, 右 yòu, 里 lǐ, 外 wài, 内 nèi, 中 zhōng, 旁 páng' 앞에 '以 yǐ, 之 zhī'를 첨가하거나 뒤에 '边 biān, 面 miàn, 头 tóu'를 첨가하면 합성방위사가 된다.

새단어 生词

1. 釜山　Fǔshān　명 부산(지명)	12. 客厅　kètīng　명 거실
2. 市　shì　명 시	13. 厨房　chúfáng　명 부엌
3. 镇区　Zhènqū　명 진구(지명)	14. 书房　shūfáng　명 서재
4. 凡一　Fányī　명 범일(지명)	15. 寝室　qǐnshì　명 침실
5. 楼房　lóufáng　명 층집(2층 이상의 건물)	16. 床　chuáng　명 침대
6. 住　zhù　동 살다, 묵다	17. 书架　shūjià　명 책장, 책꽂이
7. 乐天　Lètiān　명 롯데	18. 台　tái　양 대
8. 公寓　gōngyù　명 아파트	19. 电话　diànhuà　명 전화
9. 栋　dòng　양 동, 채	20. 台灯　táidēng　명 스탠드
10. 号　hào　명 호(번호)	21. 朋友　péngyou　명 친구
11. 房间　fángjiān　명 방	22. 打　dǎ　동 (전화를) 걸다

	东	西	南	北	上	下	前	后	左	右	里	外	内	中	旁
以+	以东	以西	以南	以北	以上	以下	以前	以后	—	—	—	以外	以内	—	—
之+	—	—	—	—	之上	之下	之前	之后	—	—	—	之外	之内	之中	—
+边	东边	西边	南边	北边	上边	下边	前边	后边	左边	右边	里边	外边	—	—	旁边
+面	东面	西面	南面	北面	上面	下面	前面	后面	左面	右面	里面	外面	—	—	—
+头	东头	西头	南头	北头	上头	下头	前头	后头	—	—	里头	外头	—	—	—

床上(上边)有一条裤子。　침대 위에 바지 한 벌이 있다.
Chuáng shang (shàngbian) yǒu yì tiáo kùzi.

教室里(里面)一个人也没有。　교실 안에는 한 사람도 없다.
jiàoshì lǐ (lǐmiàn) yí ge rén yě méiyǒu.

他坐在我的旁边。　그는 내 옆에 앉아 있다.
Tā zuò zài wǒ de pángbiān.

3. 还

동사 앞에 쓰여 증가나 보충을 나타내며, '또, 그리고'의 의미이다.

阅览室有中文报, 还有中文杂志。
Yuèlǎnshì yǒu Zhōngwén bào, háiyǒu Zhōngwén zázhì.
열람실에는 중국어 신문과 중국어 잡지가 있다.

暑假里我想复习复习语法, 还要看几本中文小说。
Shǔjià lǐ wǒ xiǎng fùxí fùxí yǔfǎ, háiyào kàn jǐ běn Zhōngwén xiǎoshuō.
여름방학에 나는 어법을 좀 복습하고, 또 중국어 소설책도 몇 권 보려고 한다.

4. 常常

'常常'은 '늘, 항상'의 뜻으로 짧은 시간 동안 동작이 자주 발생함을 나타낸다. 항상 뒤는 긍정 형식이며, 부정 형식은 '不常'이다.

我常常听中国音乐。　나는 늘 중국 음악을 듣는다.
Wǒ chángcháng tīng Zhōngguó yīnyuè.

他不常去游泳。　그는 수영하러 자주 가지는 않는다.
Tā bù cháng qù yóuyǒng.

1. 확장연습

书架	电话
一个书架	打电话
一个很大的书架	给朋友打电话
我的房间里有一个很大的书架	我常常给朋友打电话

2. 다음 질문에 대답해 보세요.

1) 你家有几个房间?

   _______________________________________ 。

2) 你的房间里有什么?

   _______________________________________ 。

3) 你的房间大吗?

   _______________________________________ 。

4) 你一个人住一个寝室吗?

   _______________________________________ 。

5) 你家在哪儿?

   _______________________________________ 。

3. 밑줄 친 곳에 알맞은 형용사를 넣어 보세요.

1) 이 옷은 크지도 작지도 않습니다.

   ⇒ 这件衣服不____不____。

2) 그는 키가 크지도 작지도 않습니다.

   ⇒ 他的个子不____不____。

3) 이 바지는 헐렁하지도 꽉 끼지도 않습니다.

   ⇒ 这条裤子不____不____。

4) 그녀는 뚱뚱하지도 마르지도 않고, 몸매가 아주 좋습니다.

⇒ 她的身材很好, 不＿＿不＿＿。

5) 나는 앞도 뒤도 아니고 중간에 앉아 있습니다.

⇒ 我坐在中间, 不＿＿不＿＿。

4. 밑줄 친 곳에 알맞은 방위사를 넣어 보세요.

1) 교실 안에는 사람이 없습니다.

⇒ 教室＿＿没有人。

2) 의자 위에 옷 한 벌이 있습니다.

⇒ 椅子＿＿有一件衣服。

3) 우리집 앞에는 강이 있습니다.

⇒ 我家＿＿有一条河。

4) 일본은 한국 옆에 있습니다.

⇒ 日本在韩国的＿＿。

5) 침대 아래에 종이 상자가 하나 있습니다.

⇒ 床＿＿有一盒纸箱。

5. 아래 어휘를 조합하여 완전한 문장을 만드세요.

1) 房间　床　两　有　里　张　我　的

＿＿＿＿＿＿＿＿＿＿＿＿＿＿＿＿＿＿。

2) 朋友　电话　打　给　我　常常

＿＿＿＿＿＿＿＿＿＿＿＿＿＿＿＿＿＿。

3) 也　我　大　房间　不　小　不　的

＿＿＿＿＿＿＿＿＿＿＿＿＿＿＿＿＿＿。

어휘다지기

■집안 구조 및 가구

我 每天 7 点 起床。
Wǒ měitiān qī diǎn qǐchuáng.

我 每天 7 点 起床。7 点 半 吃 早饭。吃 完 早饭
Wǒ měitiān qī diǎn qǐchuáng. Qī diǎn bàn chī zǎofàn. Chī wán zǎofàn

以后，我 坐 公共汽车 去 学校。我们 学校 第 一 节 课
yǐhòu, wǒ zuò gōnggòng qìchē qù xuéxiào. Wǒmen xuéxiào dì yī jié kè

从 九 点 开始。上午 我们 有 四 节 课。下午，有 的 时候
cóng jiǔ diǎn kāishǐ. shàngwǔ wǒmen yǒu sì jié kè. Xiàwǔ, yǒu de shíhou

有 三 节 课，有 的 时候 有 两 节 课。晚上，我 每天 六
yǒu sān jié kè, yǒu de shíhou yǒu liǎng jié kè. Wǎnshang, wǒ měitiān liù

点 半 吃 晚饭。吃 完 晚饭 以后，我 去 体育馆 游泳。
diǎn bàn chī wǎnfàn. chī wán wǎnfàn yǐhòu, wǒ qù tǐyùguǎn yóuyǒng.

从 晚上 八 点 半 开始，我 做 作业。睡觉 以前，我 有的
Cóng wǎnshang bā diǎn bàn kāishǐ, wǒ zuò zuòyè. Shuìjiào yǐqián, wǒ yǒude

时候 看 电视，有的 时候 听 音乐，有的 时候 看 漫画。
shíhou kàn diànshì, yǒude shíhou tīng yīnyuè, yǒude shíhou kàn mànhuà.

我 尽量 在 12 点 以前 睡觉。因为 晚上 睡眠 不够，休息
Wǒ jìnliàng zài shí'èr diǎn yǐqián Shuìjiào. Yīnwèi wǎnshang shuìmián búgòu, xiūxi

不 好 会 影响 第二天 的
bù hǎo huì yǐngxiǎng Dì'èrtiān, de

学习 和 生活。
xuéxí hé shēnghuó.

1. ~(的) 时候

'…(的)时候'는 '…하는 때' 혹은 '…하는 동안'을 표현할 때 사용한다. '的'와 '候'를 생략하여 '…时'로 표현하기도 한다.

我打电话的时候，他走进来了。　내가 전화했을 때 그가 걸어 들어왔다.
Wǒ dǎ diànhuà de shíhou, tā zǒu jìnlái le.

你是什么时候到的？ 너는 언제 도착했니?
Nǐ shì shénme shíhou dào de?

他小时候去过教会。　그는 어렸을 적에 교회에 가본 적이 있다.
Tā xiǎo shíhou qùguo jiàohuì.

2. 결과보어 (1)

결과보어는 동작의 진행 결과가 어떠한지를 보충 설명하는 성분으로, 한자는 형태의 변화가 없어서 동사만 보면 그 동작의 결과가 어떠한가를 알 수 없다. 따라서 동작의 결과를 서술할 때 반드시 동사 뒤에 결과보어를 사용해야 한다. 결과보어가 될 수 있는 것은 동사와

새단어 生词

1. 起床　qǐchuáng　⑧ 일어나다
2. 早饭　zǎofàn　⑲ 아침식사
3. 公共汽车　gōnggòng qìchē　⑲ 버스
4. 课　kè　⑲ 수업 시간
5. 开始　kāishǐ　⑧ 시작하다
6. 节　jié　⑱ 여러 개로 나누어진 것을 세는 데 쓰임.
7. 上午　shàngwǔ　⑲ 오전
8. 时候　shíhou　⑲ 때
9. 晚饭　wǎnfàn　⑲ 저녁식사
10. 完　wán　⑧ 마치다, 완성하다
11. 体育馆　tǐyùguǎn　⑲ 체육관
12. 游泳　yóuyǒng　⑧ 수영하다
13. 从　cóng　⑭ …부터

14. 做　zuò　⑧ 하다
15. 作业　zuòyè　⑲ 숙제
16. 睡觉　shuìjiào　⑧ 잠을 자다
17. 以前　yǐqián　⑲ 이전
18. 听　tīng　⑧ 듣다
19. 音乐　yīnyuè　⑲ 음악
20. 漫画　mànhuà　⑲ 만화
21. 尽量　jìnliàng　⑧ 양을 다하다, 양껏 하다
22. 睡眠　shuìmián　⑧ 수면하다, 잠자다
23. 不够　búgòu　⑲ 부족하다, 모자르다
24. 休息　xiūxi　⑧ 휴식하다, 쉬다
25. 影响　yǐngxiǎng　⑲ 영향 ⑧ 영향을 주다
26. 会　huì　⑤ …할 수 있다

형용사이다.

杯里倒满了酒。
Bēi lǐ dàomǎn le jiǔ.
컵에 술을 가득 부었다.

我看到第十页了。
Wǒ kàndào dì shí yè le.
우리는 10쪽까지 보았다.

那本小说你看完了吗?
Nà běn xiǎoshuō nǐ kànwán le ma?
그 소설책을 다 읽었니?

我写完今天的作业了。
Wǒ xiě wán jīntiān de zuòyè le.
나는 오늘의 숙제를 다 끝냈다.

3. 从…开始

개사 '从'은 장소사나 시간사를 이끌어 동작이 발생하는 장소나 시간의 시작점을 나타내는 개사구를 형성하는데 우리말의 '…에서' 혹은 '…부터'를 나타낸다.

他是从这儿出发的。
Tā shì cóng zhèr chūfā de.
그는 여기서 출발했다.

从九点开始，我们上课。
Cóng jiǔ diǎn kāishǐ, wǒmen shàngkè.
9시부터 우리는 수업한다.

'从'은 자주 '就, 开始, 起'와 호응하여 '从…就, 从…开始, 从…起' 형태로 시작의 기점을 표현하는 데 사용된다.

易买得从早上八点就开门。　이마트는 아침 8시부터 문을 연다.
Yìmǎidé cóng zǎoshàng bā diǎn jiù kāimén.

从明天起我要学汉语。　내일부터 나는 중국어를 배울 것이다.
Cóng míngtiān qǐ wǒ yào xué Hànyǔ.

从今天起我们放假。　오늘부터 우리는 방학이다.
Cóng jīntiān qǐ wǒmen fàngjià.

4. 연동문

두 개 또는 두 개 이상의 동사나 동사구로 이루어진 문장을 연동문이라 하며, 동작의 목적 또는 수단이나 방법을 나타낸다.

我去书店买书。
Wǒ qù shūdiàn mǎi shū.
나는 서점에 가서 책을 산다.

我坐公共汽车去学校。
Wǒ zuò gōnggòng qìchē qù xuéxiào.
나는 버스를 타고 학교에 간다.

연습문제 练习

1. 확장연습

晚饭	汉语
吃晚饭	学习汉语
六点半吃晚饭	去中国学习汉语
我每天六点半吃晚饭	我去中国学习汉语

2. 다음 질문에 대답해 보세요.

1) 你每天几点起床?

　　______________________________。

2) 你几点吃早饭?

　　______________________________。

3) 你几点睡觉?

　　______________________________。

4) 今天你有几节课?

　　______________________________。

5) 睡觉以前, 你做什么?

　　______________________________。

3. 다음 문장을 우리말로 해석해 보세요.

1) 那本小说你看完了吗?

　　______________________________?

2) 我尽量7点以前起床。

　　______________________________.

3) 我听音乐的时候, 他来了。

　　______________________________.

4) 从这月份开始，我学习汉语。

＿＿＿＿＿＿＿＿＿＿＿＿＿＿＿＿＿＿＿＿＿＿ .

5) 我去中国学习汉语。

＿＿＿＿＿＿＿＿＿＿＿＿＿＿＿＿＿＿＿＿＿＿ .

4. 다음 문장을 중국어로 표현해 보세요.

1) 그는 어렸을 때 교회에 가 본 적이 있다.

＿＿＿＿＿＿＿＿＿＿＿＿＿＿＿＿＿＿＿＿＿＿ 。

2) 저녁 8시부터 체육관에 가서 수영을 한다.

＿＿＿＿＿＿＿＿＿＿＿＿＿＿＿＿＿＿＿＿＿＿ 。

3) 우리는 비행기를 타고 상해에 간다.

＿＿＿＿＿＿＿＿＿＿＿＿＿＿＿＿＿＿＿＿＿＿ 。

4) 내가 밥을 먹고 있을 때 그가 왔다.

＿＿＿＿＿＿＿＿＿＿＿＿＿＿＿＿＿＿＿＿＿＿ 。

5) 나는 저녁밥을 다 먹었다.

＿＿＿＿＿＿＿＿＿＿＿＿＿＿＿＿＿＿＿＿＿＿ 。

5. 아래 어휘를 조합하여 완전한 문장을 만드세요.

1) 7点半　　到　　早饭　　学校　　9点钟　　吃

＿＿＿＿＿＿＿＿＿＿＿＿＿＿＿＿＿＿＿＿＿＿ 。

2) 开始　　我　　8点　　作业　　晚上　　从　　做

＿＿＿＿＿＿＿＿＿＿＿＿＿＿＿＿＿＿＿＿＿＿ 。

3) 睡觉　　在　　我　　尽量　　以前　　12点

＿＿＿＿＿＿＿＿＿＿＿＿＿＿＿＿＿＿＿＿＿＿ 。

▶ 재미있게 읽어 보세요.

看病

— 진찰 —

医生面无表情，漫不经心地给病人诊病。

"您感到哪里不舒服？"

"我心里感到很难受。"

"有多长时间了？"

"从看见您开始。"

의사가 아무 표정없이 태연하게 환자에게 진찰을 하고 있다.
"당신은 어디가 불편하세요?"
"저는 마음이 아주 불편해요."
"얼마나 됐나요?"
"당신을 본 뒤로부터요."

보충단어

1. **表情** biǎoqíng ⑲ 표정
2. **漫不经心** màn bù jīngxīn 조금도 마음
   에 두지 않다, 소홀히 대하다
3. **诊病** zhěnbìng ⑧ 병을 진찰하다
4. **舒服** shūfu ⑲ 편안하다
5. **难受** nánshòu ⑲ 괴롭다

司马光
Sīmǎ Guāng

你 认识 司马光 吗？ 司马光 是 中国 古代 著名 的
Nǐ rènshi Sīmǎ Guāng ma? Sīmǎ Guāng shì Zhōngguó gǔdài zhùmíng de

历史 学家。他 小 的 时候，有 一 回 跟 几 个 小朋友 在
lìshǐ xuéjiā. Tā xiǎo de shíhou, yǒu yì huí gēn jǐ ge xiǎopéngyou zài

花园 里 玩。花园 里 有 假山，假山 下面 有 一 口 大
huāyuán lǐ wán. Huāyuán lǐ yǒu jiǎshān, jiǎshān xiàmian yǒu yì kǒu dà

水缸，缸 里 装满 了 水。
shuǐgāng, gāng lǐ zhuāngmǎn le shuǐ.

有 个 小朋友 爬 到 假山 上 去 玩，一 不 小心，掉进
Yǒu ge xiǎopéngyou pá dào jiǎshān shàng qù wán, yí bù xiǎoxīn, diàojìn

大 水缸 里。别 的 小朋友 都 慌 了，有的 吓 哭 了，
dà shuǐgāng lǐ. Bié de xiǎopéngyou dōu huāng le, yǒude xià kū le,

有的 叫着 喊着，跑去 找 大人。司马光 没有 慌，他 举
yǒude jiàozhe hǎnzhe, pǎoqù zhǎo dàrén. Sīmǎ Guāng méiyou huāng, tā jǔ

起 一 块 石头，使劲 砸 那 口 缸，几 下子 就 砸破 了。
qǐ yí kuài shítou, shǐjìn zá nà kǒu gāng, jǐ xiàzi jiù zápò le.

缸 里 的 水 流出来
Gāng lǐ de shuǐ liúchūlái

了，掉进 缸 里 的
le, diàojìn gāng lǐ de

小朋友 得救 了。
xiǎopéngyou déjiù le.

1. '吗' 의문문

의문을 나타내는 어기조사인 '吗'를 평서문 뒤에 붙이면 그 문장은 의문을 나타내게 된다.
이 의문문은 '是'나 '不是'로 대답할 수 있으므로 '판단의문문'이라고도 불린다.

他是老师吗?
Tā shì lǎoshī ma?
그는 선생님입니까?

－是，他是老师。
Shì, tā shì lǎoshī.
네, 그는 선생님입니다.

她是你的同学吗?
Tā shì nǐ de tóngxué ma?
그녀는 당신의 급우입니까?

－不是，她是我姐姐。
Búshì, tā shì wǒ jiějie.
아니요, 저희 언니입니다.

他喜欢看电影吗?
Tā xǐhuan kàn diànyǐng ma?
그는 영화보는 것을 좋아합니까?

－是，他很喜欢。
Shì, tā hěn xǐhuan.
네, 아주 좋아합니다.

2. 跟

우리말의 '…와, …에게'에 해당하며 동작의 대상을 이끄는 개사로 '和'와 바꿔 쓸 수 있다.
'跟'은 뒤에 동작의 대상을 이끌고 개사구를 형성하며 그 위치는 동사 앞이다.

새단어 生词

1. 认识 rènshi (동) 알다
2. 司马光 Sīmǎ Guāng (명) 사마광
3. 花园 huāyuán (명) 화원
4. 假山 jiǎshān (명) 석가산(정원 따위에 돌을 모아 조그마하게 만든 산)
5. 缸 gāng (명) 항아리, 독, 단지
6. 装 zhuāng (동) 집어넣다, 담다
7. 满 mǎn (형) 꽉 채우다, 가득하다
8. 爬 pá (동) 위로 올라가다, 기어오르다
9. 掉 diào (동) 떨어지다
10. 慌 huāng (동) 어쩔 줄 모르다
11. 吓 xià (동) 놀라다
12. 哭 kū (동) 울다
13. 叫 jiào (동) 부르다, 외치다
14. 喊 hǎn (동) 소리치다, 외치다
15. 举 jǔ (동) 들다, 들어올리다
16. 使劲 shǐjìn (동) 힘을 쓰다
17. 砸破 zápò (동) 때려 부수다
18. 救 jiù (동) 구제받다

我跟妈妈一起去商店。 나는 엄마와 함께 상점에 간다.
Wǒ gēn māma yìqǐ qù shāngdiàn.

他跟老师说了这件事。 그는 선생님께 이 일을 얘기했다.
Tā gēn lǎoshī shuōle zhè jiàn shì.

哥哥跟弟弟都不会游泳。 형과 남동생은 모두 수영할 줄 모른다.
Gēge gēn dìdi dōu bú huì yóuyǒng.

3. 방향보어 (1)

방향보어는 동사나 형용사 뒤에서 동작이나 상태의 방향을 보충 설명해 주는 역할을 한다. 방향보어는 단순방향보어와 복합방향보어로 나뉘는데 여기에서는 먼저 단순방향보어를 살펴보기로 한다.

단순방향보어는 다음과 같이 동사나 형용사 뒤에 방향이나 이동을 나타내는 동사를 붙인 것이다.

> 동사 + 上/下/进/出/回/过/起/开 또는 来/去

他进来了。 그가 들어왔다.
Tā jìnlái le.

他们都回去了。 그들은 모두 돌아갔다.
Tāmen dōu huíqù le.

E-mail已经发出了。 E-mail을 이미 보냈다.
E-mail yǐjing fāchū le.

书看完要放回原位。 물건은 다 쓰고 제자리에 둬야 한다.
Shū kàn wán yào fànghuí yuánwèi.

4. 着

'着'는 동작이나 상태가 계속 지속되고 있음을 나타내는 동태조사로서 우리말의 '…하고 있다, …한 상태로 있다'에 해당한다. 동태조사 '着'의 위치는 '동사/형용사+着'이다. 부정형은 '没(有)'를 동사 앞에 놓고 '着'는 일반적으로 그대로 둔다.

墙上挂着一张画。
Qiángshang guàzhe yì zhāng huà.
벽에 그림 한 장이 걸려 있다.

→ 墙上没挂着画。
Qiángshang méi guàzhe huà.
벽에 그림이 걸려 있지 않다.

他躺着看报。
Tā tǎngzhe kàn bào.
그는 누워서 신문을 본다.

→ 他没有躺着看报。
Tā méiyǒu tǎngzhe kàn bào.
그는 눕지 않고 신문을 본다.

4. 부정부사 '没(有)'

부정부사 '没(有)'는 동작의 완료나 발생 혹은 변화에 대한 부정을 나타낼 때 사용한다.

我今天没去买东西。 나는 오늘 물건을 사러 가지 않았다.
Wǒ jīntiān méi qù mǎi dōngxi.

他没有读完这本小说。 그는 이 소설을 다 읽지 못했다.
Tā méiyǒu dú wán zhè běn xiǎoshuō.

1. 확장연습

历史学家
著名的历史学家
中国古代著名的历史学家
司马光是中国古代著名的历史学家

去玩
假山上去玩
爬到假山上去玩
有个小朋友爬到假山上去玩

2. 다음 질문에 대답해 보세요.

1) 司马光是谁?

    _____________________________________。

2) 一天, 出了什么事儿?

    _____________________________________。

3) 司马光是怎么解决的?

    _____________________________________。

3. 보기에서 적당한 방향보어를 골라 빈칸을 채워 보세요.

보기	去　来　下　回　出

1) 물건은 다 쓰고 제자리에 두어야 한다.

   ⇒ 东西用完要放____原位。

2) 그는 위층으로 올라갔다.

   ⇒ 他上楼____了。

3) 그가 교실로 들어왔다.

⇒ 他进教室 ＿＿＿ 了。

4) 편지는 어제 이미 부쳤다.

⇒ 信昨天已经寄 ＿＿＿ 了。

4. 괄호 안 단어의 알맞은 위치를 찾아보세요.

1) 我们 ① 正在 ② 上 ③ 课 ④ 呢。(着)

2) 他 ① 房间的 ② 灯还 ③ 亮 ④ 。(着)

3) 我 ① 听 ② 懂 ③ 他 ④ 说的话。(没有)

4) 我 ① 认为 ② 比这个 ③ 更 ④ 重要的事情了。(没有)

5. 다음을 어순에 맞게 고쳐 적어 보세요.

1) 掉进　小心　一　水缸　里　不　大

＿＿＿＿＿＿＿＿＿＿＿＿＿＿＿＿＿＿＿＿＿。

2) 几个　花园里　有　玩　小朋友　跟　一　在　回

＿＿＿＿＿＿＿＿＿＿＿＿＿＿＿＿＿＿＿＿＿。

3) 把　回　家　送　去　开车　我　了　他

＿＿＿＿＿＿＿＿＿＿＿＿＿＿＿＿＿＿＿＿＿。

4) 搬　桌子　出　了　把　去

＿＿＿＿＿＿＿＿＿＿＿＿＿＿＿＿＿＿＿＿＿。

聪明 的 华佗
cōngmíng de Huà Tuó

华佗 是 中国 古代 有名 的 医生。七 岁 的 时候，
Huà Tuó shì Zhōngguó gǔdài yǒumíng de yīshēng. Qī suì de shíhou,

妈妈 送 他 到 蔡 医生 那里 去 学徒。蔡 医生 想 考考
māma sòng tā dào Cài yīshēng nàli qù xuétú. Cài yīshēng xiǎng kǎokao

华佗。正巧 这时候 院子 里 有 两 只 羊 在 打架，蔡
Huà Tuó. Zhèngqiǎo zhè shíhou yuànzi lǐ yǒu liǎng zhī yáng zài dǎjià, Cài

医生 就 叫 华佗 把 它们 分开。两 只 羊 头 对着 头，角
yīshēng jiù jiào Huà Tuó bǎ tāmen fēnkāi. Liǎng zhī yáng tóu duìzhe tóu, jiǎo

对着 角，你 顶 过来，我 顶 过去，斗 得 很 凶。华佗 心
duìzhe jiǎo, nǐ dǐng guòlái, wǒ dǐng guòqù, dòu de hěn xiōng. Huà Tuó xīn

想：硬 拉 是 不行 的，我 得 想 个 办法。
xiǎng: yìng lā shì bùxíng de, wǒ děi xiǎng ge bànfǎ.

华佗　从　路边　拔了　两　把　青草，一　只　手　拿　一　把，
Huà Tuó cóng lùbiān bále liǎng bǎ qīngcǎo, yì zhī shǒu ná yì bǎ,

在　两　只　羊　面前　摇动。羊　一　看到　青草，就　停止　了
zài liǎng zhī yáng miànqián yáodòng. yáng yí kàndào qīngcǎo, jiù tíngzhǐ le

争斗，都　去　吃　草　了。蔡　医生　看　了，点　点头，高兴　地
zhēngdòu, dōu qù chī cǎo le. Cài yīshēng kàn le, diǎn diǎntóu, gāoxìng de

说：“这个　徒弟　我　收下　啦！”
shuō; "Zhège túdì wǒ shōuxià la!"

새단어 生词

1. **聪明**　cōngmíng　(형) 총명하다, 똑똑하다
2. **华佗**　Huà Tuó　(명) 화타(인명)
3. **古代**　gǔdài　(명) 고대
4. **有名**　yǒumíng　(형) 유명하다
5. **医生**　yīshēng　(명) 의사
6. **送**　sòng　(동) 보내다
7. **蔡**　Cài　(명) 채(성)
8. **学徒**　xuétú　(동) 견습생이 되다
9. **考**　kǎo　(동) (시험)보다, 치다
10. **正巧**　zhèngqiǎo　(부) 마침, 때마침
11. **这时候**　zhèshíhou　이때, 요즘
12. **只**　zhī　(양) 마리(주로 짐승을 세는 단위), 짝, 쪽(둘이 서로 어울려 한 벌이나 한 쌍을 이루는 물건의 하나를 세는 단위)
13. **打架**　dǎjià　(동) 싸우다
14. **分开**　fēnkāi　(동) 헤어지다
15. **对**　duì　(동) 향하다, 겨누다
16. **角**　jiǎo　(명) 뿔
17. **顶**　dǐng　(동) (머리나 뿔로) 들이받다
18. **斗**　dòu　(동) 싸우다
19. **凶**　xiōng　(형) 흉악하다, 사납다
20. **硬**　yìng　(부) 억지로, 무리하게
21. **拉**　lā　(동) 당기다, 끌어당기다
22. **不行**　bùxíng　(형) 안 된다
23. **办法**　bànfǎ　(명) 방법
24. **拔**　bá　(동) 뽑다
25. **青草**　qīngcǎo　(명) 푸른 풀, 싱싱한 풀
26. **拿**　ná　(동) 쥐다, 잡다
27. **摇动**　yáodòng　(동) 흔들어 움직이게 하다
28. **停止**　tíngzhǐ　(동) 정지하다, 중지하다
29. **争斗**　zhēngdòu　(동) 다투다, 싸우다
30. **点**　diǎn　(동) 머리를 끄덕이다
31. **徒弟**　túdì　(명) 제자
32. **收下**　shōuxià　(동) 받다, 받아두다

1. 겸어문

겸어문은 한 문장에서 첫 번째 동사의 목적어가 동시에 두 번째 동사의 주어 역할을 하는 문장을 가리킨다. 겸어문에 자주 사용되는 동사에는 '让, 叫, 请, 使, 给' 등이 있다.

他让我给你打电话。 그는 나더러 너에게 전화하라 했다.
Tā ràng wǒ gěi nǐ dǎ diànhuà.

老师让我叫你。 선생님이 나에게 너를 부르게 하셨다.
Lǎoshī ràng wǒ jiào nǐ.

2. 동사의 중첩 (1)

동사를 중첩하여 동작 행위의 시간이 짧음이나 가벼움 또는 시도를 나타낸다. 음절수와 형태에 따라 중첩형식에는 차이가 있다.

동사형태	중첩형식	중첩동사와 '一'	예
단음절 동사(A)	AA	A(一)A	看(一)看, 听(一)听, 唱(一)唱
쌍음절 동사(AB)	ABAB	×	休息休息, 收拾收拾, 研究研究
이합사(AB)	AAB	×	洗洗澡, 谈谈话, 算算账

단음절동사의 중첩형식 중간에 '一'를 첨가하여 발생하지 않은 동작의 시간이 짧음을 나타낼 수 있다. 쌍음절이나 이합사의 중첩형에는 '一'를 부가할 수 없다.

看一看   休息一休息(×) → 休息休息
kàn yi kàn   xiūxi xiūxi

이미 발생한 동작일 경우 동사 사이에 '了'를 넣는다.

听了听   研究了研究   聊了聊天
tīng le tīng   yánjiū le yánjiū   liáo le liáotiān

这个菜怎么样, 尝一尝就知道了。 이 음식이 어떠한지 맛을 보면 바로 알 수 있다.
Zhège cài zěnmeyàng, cháng yi cháng jiù zhīdào le.

他看了看我, 就闭上了眼睛。 그는 잠깐 나를 보고는 곧 눈을 감았다.
Tā kàn le kàn wǒ, jiù bìshang le yǎnjing.

我洗洗衣服，你扫扫地。　나는 세탁할 테니, 너는 바닥을 쓸어라.
Wǒ xǐxi yīfu, nǐ sǎosao dì.

3. 진행의 '在'

동태조사 '在'는 동작의 진행을 나타내는 말로, 우리말의 '…하고 있는 중이다'에 해당하며 진행 중인 동작의 동작성을 강조한다.

他在看电视呢。　그는 TV를 보고 있다.
Tā zài kàn diànshì ne.

妈妈在做饭，爸爸在看报。　엄마는 밥을 짓고 있고, 아빠는 신문을 보고 있다.
Māma zài zuòfàn bàba zài kàn bào.

중국어에서 진행이나 지속을 나타내는 방법에는 '在, 着' 외에 '正, 正在, 呢'를 사용하거나 이들 중 둘 혹은 전부를 함께 사용하여 나타내는 방법이 있다. '在'는 동작성을 강조하고, '着'는 상태의 지속성을, '正'은 '마침, 바로'에 주안점을 두고 있다.

他正在听着我的电话录音。　그는 마침 내 전화 메시지를 듣고 있다.
Tā zhèngzài tīngzhe wǒ de diànhuà lùyīn.

墙上挂着我们的照片。　벽에는 우리의 사진이 걸려 있다.
Qiángshang guàzhe wǒmen de zhàopiàn.

姐姐正在洗澡呢。　언니는 지금 씻고 있다.
Jiějie zhèngzài xǐzǎo ne.

4. 능원동사 '想, 得'

능원동사 '想'은 화자의 바람이나 기대를 나타내고, '得'는 마땅히 해야 하는 의무를 나타낸다. 우리말로는 각각 '…하고 싶다', '…해야 한다'에 해당한다.

我想喝啤酒。　나는 맥주를 마시고 싶다.
Wǒ xiǎng hē píjiǔ.

已经十点了，我得回去了。　벌써 10시다. 나는 돌아가야 한다.
Yǐjing shí diǎn le, wǒ děi huíqu le.

(1) 기대 · 바람을 나타내는 능원동사

想	주관적인 바람이나 기대로 '…하고 싶다, …하려 한다'	我想看中国电影。 나는 중국영화가 보고 싶다. Wǒ xiǎng kàn Zhōngguó diànyǐng.
要	의지나 의욕을 가지고 '…하려 한다, …할 예정이다'	我要去南美旅行。 나는 남미 여행을 가려 한다. Wǒ yào qù Nánměi lǚxíng. 我要买水果。 나는 과일을 사려고 한다. Wǒ yào mǎi shuǐguǒ.

(2) 의무를 나타내는 능원동사

得	의무로서 마땅히 …해야 한다	你们得做完今天的作业。 Nǐmen děi zuòwán jīntiān de zuòyè. 너희는 오늘의 숙제를 다 해야 한다.
应该	도리로서 당연히 …해야 한다	你们应该听他指挥。 Nǐmen yīnggāi tīng tā zhǐhuī. 너희는 그의 지시를 들어야 한다.
要	자발적 의지로서 …해야 한다	你要每天吃药。 너는 매일 약을 먹어야 한다. Nǐ yào měitiān chīyào.

5. 一…就

'一'는 '就'와 호응하여 아주 짧은 시간에 두 가지 상황이나 동작이 곧이어 발생함을 나타낸다. 우리말로는 '…하자마자 곧 ~하다'의 의미이다.

我一回家就给你打电话。 나는 집에 가자마자 너에게 전화할게.
Wǒ yì huíjiā jiù gěi nǐ dǎ diànhuà.

他一上班就喝咖啡。 그는 출근하자마자 커피를 마신다.
Tā yí shàngbān jiù hē kāfēi.

1. 확장연습

分开
把他们分开
叫华佗把他们分开
蔡医生就叫华佗把他们分开

青草
两把青草
从路边拔了两把青草
华佗从路边拔了两把青草

2. 다음 질문에 대답해 보세요.

1) 华佗是谁?

____。

2) 妈妈带华佗去做什么?

____。

3) 在蔡医生的院子里发生了什么事情?

____。

4) 蔡医生为什么收下华佗当徒弟?

____。

3. 괄호 안의 동사를 중첩하여 문장을 다시 써 보세요.

1) 回家去(休息)吧。

____。

2) 昨天晚上没事, (看)电视了。

____。

3) 你(穿)看, 一定不错。

____。

4) 没事(散步), 找朋友(聊天), 也太悠闲了。

____。

4. 다음 문장의 틀린 부분을 바르게 고쳐 보세요.

1) 我们研究一研究。

　　____。

2) 他想想了说：“还是你去吧！

　　____。

3) 我们聊天聊天吧。

　　____。

4) 我看看书的时候, 他来了。

　　____。

5. 보기에서 알맞은 단어를 골라 문장을 완성하세요.

보기	在　　着　　想　　得　　一…就

1) 그들은 수업을 하고 있다.

　　⇒ 他们 _____ 上着课呢。

2) 시간이 늦었으니 난 가야 한다.

　　⇒ 时间不早了, 我 _____ 走了。

3) 나는 수업이 끝나자마자 너한테 갈게.

　　⇒ 我 _____ 下了课 _____ 去你那儿。

4) 자리에 예쁜 여학생 한 명이 앉아 있다.

　　⇒ 座位上坐 _____ 一个漂亮的女学生。

5) 나는 콜라를 조금 마시고 싶다.

　　⇒ 我 _____ 喝一点儿可乐。

▶ 재미있게 읽어 보세요.

小 财 迷

— 욕심쟁이 —

教会学校的牧师对学生说：

"爱是金钱买不到的。"

为了让孩子更加信服，他问

道：

"假如我出100法郎，能使你

们不爱父母吗？显然不能！"

教室里一片寂静。突然有个学生嗫嚅地问：

"要是我不爱哥哥，先生您出多少钱？"

기독교 학교의 목사가 학생들에게 말하길,
"사랑은 돈으로 살 수 없어요."
아이들을 더욱더 믿고 따르게 하려고 그가 묻기를,
"만약 내가 100프랑을 내어 여러분들이 부모님을 사랑하지 않게 할 수 있겠습니까? 당연
히 그럴 수 없죠!"
교실 안은 조용하였습니다. 갑자기 한 학생이 우물거리며 묻기를,
"만약 내가 오빠를 사랑하지 않는다면 선생님은 돈을 얼마나 내시겠습니까?

보충단어

1. **牧师** mùshī 몡 목사
2. **金钱** jīnqián 몡 금전
3. **孩子** háizi 몡 어린이
4. **信服** xìnfú 동 신복하다, 믿고 복종하다

5. **法郎** fǎláng 몡 프랑(화폐단위)
6. **假如** jiǎrú 접 만일, 만약
7. **寂静** jìjìng 형 적막하고 조용하다
8. **嗫嚅** nièrú 형 우물거리다

小白兔 和 小灰兔
Xiǎobáitù hé xiǎohuītù

老山羊 在 地 里 收 白菜，小白兔 和 小灰兔 来 帮
Lǎo shānyáng zài dì lǐ shōu báicài, xiǎobáitù hé xiǎohuītù lái bāng

忙。收 完 白菜，老山羊 把 一 车 白菜 送 给 小灰兔。
máng. Shōu wán báicài, lǎo shānyáng bǎ yì chē báicài sòng gěi xiǎohuītù.

小灰兔 收下 了，说："谢谢 您！" 老山羊 又 把 一 车
xiǎohuītù shōuxià le, shuō: "Xièxie nín!" Lǎo shānyáng yòu bǎ yì chē

白菜 送 给 小白兔。小白兔 说："我 不 要 白菜，请 您 给
báicài sòng gěi xiǎobáitù. Xiǎobáitù shuō: "Wǒ bú yào báicài, qǐng nín gěi

我 一些 菜子 吧。"老山羊 送 给 小白兔 一 包 菜子。
wǒ yìxiē càizǐ ba." Lǎo shānyáng sòng gěi xiǎobáitù yì bāo càizǐ.

小白兔 回到 家 里，把 土 翻 松 了，种上 菜子。过
Xiǎobáitù huídào jiā lǐ, bǎ tǔ fān sōng le, zhòngshàng càizǐ. Guò

了 几 天，白菜 长出来 了。小白兔 常常 给 白菜 浇水，
le jǐ tiān, báicài zhǎngchūlái le. Xiǎobáitù chángcháng gěi báicài jiāoshuǐ,

施肥，拔草，捉虫。白菜 很 快 就 长大 了。
shīféi, bácǎo, zhuōchóng. Báicài hěn kuài jiù zhǎngdà le.

小灰兔 把 一 车 白菜
Xiǎohuītù bǎ yì chē báicài

拉回 家 里。他 不 干活
lāhuí jiā lǐ. Tā bú gànhuó

了，饿 了 就 吃 老山羊
le, è le jiù chī lǎo shānyáng

送 的 白菜。
sòng de báicài.

过 了 些 日子, 小灰兔 把 白菜 吃完 了, 又 到 老
Guò le xiē rìzi, xiǎohuītù bǎ báicài chīwán le, yòu dào lǎo

山羊 家 里 去 要 白菜。这时候, 他 看见 小白兔 挑着 一
shānyáng jiā lǐ qù yào báicài. Zhè shíhou, tā kànjiàn xiǎobáitù tiāozhe yí

担 白菜, 给 老山羊 送来 了。小灰兔 很 奇怪, 问道:
dàn báicài, gěi lǎo shānyáng sònglái le. Xiǎohuītù hěn qíguài, wèndào:

"小白兔, 你 的 菜 是 哪儿 来 的? "
"Xiǎobáitù, nǐ de cài shì nǎr lái de?"

小白兔 说:"是 我 自己 种 的。只有 自己 种, 才 有
Xiǎobáitù shuō: "Shì wǒ zìjǐ zhòng de. Zhǐyǒu zìjǐ zhòng, cái yǒu

吃 不 完 的 菜。"
chī bu wán de cài."

새단어 生词

1. 山羊 shānyáng 몡 염소, 산양	14. 施肥 shīféi 동 (식물에) 비료를 주다
2. 白菜 báicài 몡 배추	15. 捉 zhuō 동 사로잡다, 포획하다
3. 兔 tù 몡 토끼	16. 虫 chóng 몡 곤충
4. 白 bái 혱 희다	17. 长 zhǎng 동 자라다, 성장하다
5. 灰 huī 혱 회색의	18. 拉 lā 동 당기다, 끌어당기다
6. 帮忙 bāngmáng 동 도와주다, 돕다	19. 干活 gànhuó 동 (육체적인 일을) 하다
7. 要 yào 동 바라다, 희망하다	20. 饿 è 혱 배고프다
8. 菜子 càizǐ 몡 야채의 씨앗	21. 挑 tiāo 동 메다, 짊어지다
9. 包 bāo 양 묶음, 다발(포대, 꾸러미로 된 것을 셀 때 쓰임)	22. 担 dàn 양 짐(어깨나 등에 멜 수 있는 짐 무더기를 세는 단위)
10. 翻 fān 동 뒤집다	23. 奇怪 qíguài 혱 괴상하다, 이상하다
11. 松 sōng 혱 느슨하다, 헐겁다	24. 问道 wèndào 동 물어보다
12. 种 zhòng 동 심다, 가꾸다	
13. 浇水 jiāoshuǐ 동 (물을) 뿌리다	

1. '把'자문 (1)

(1) '把'자문의 형태

주어 + 동사 + [목적어]

주어 + [把 + 목적어] + 동사

(2) '把'자문의 특징

① '把'자문의 의미

일반적으로 「주어+동사+목적어」 형식의 문형은 주어 즉 행위자의 행위가 강조되는 반면, 「주어+把+목적어+동사」의 형식을 취하는 '把'자문은 동작 행위의 대상이 강조된다. '把'자문은 동사가 표시하는 동작이나 행위를 목적어(대상)에 가하여 어떠한 결과로 처치 혹은 처리됨을 나타내는 것으로서 동사의 대상을 강조하는 표현이다.

他关上门了。　창문을 닫았다.
Tā guānshang mén le.

他做完作业了。　연습문제를 끝마쳤다.
Tā zuòwán zuòyè le.

他把门关上了。　창문을 닫았다. ⇒ (문에 닫는 행위를 하여 완전히 닫히는 결과로 처치한다.)
Tā bǎ mén guānshang le.

他把作业做完了。　연습문제를 끝마쳤다. ⇒ (숙제를 하는 행위를 하여 마치는 결과로 처치한다.)
Tā bǎ zuòyè zuòwán le.

② 술어동사는 처치 또는 영향을 나타내는 타동사이어야 하고, 동사의 뒤에 반드시 다른 단어들이 나와야 한다. 주로 동태조사 '了, 着' 혹은 가능보어를 제외한 보어를 붙이거나 혹은 동사를 중첩하여 '把'자문의 중심 내용으로서 처치·변화·영향의 결과를 설명한다.

把 + 목적어 + 동사 +

> 了
> 着
> 보어
> 동사중첩

我把水喝了。　나는 물을 마셨다.
Wǒ bǎ shuǐ hē le.

把头抬起来。　고개를 들어라.
Bǎ tóu tái qǐlái.

把衣服洗洗。　옷을 세탁해라.
Bǎ yīfu xǐxi.

2. 복합방향보어

복합방향보어는 단순방향동사 뒤에 '来' 혹은 '去'가 덧붙여진 것이다. 동작이 말하는 사람
이나 말하고 있는 사물을 향하여 진행될 경우에는 '来'를 쓰고, 그 반대일 경우에는 '去'를
쓴다.

동사 + 来/去 上/下/进/出/回/过/起/开 + 来/去

把手抬起来。　손을 들어 올려라.
Bǎ shǒu tái qǐlái.

她走过去了。　그녀가 걸어 지나갔다.
Tā zǒu guòqù le.

汽车停下来了。　자동차가 멈췄다.
Qìchē tíng xiàlái le.

1. 확장연습

> 吃了　　　　　　　　　　　　　　进了
> 吃完了　　　　　　　　　　　　进来了
> 把白菜吃完了　　　　　　　　走进教室来了
> 小灰兔把白菜吃完了　　　　老师走进教室来了

2. 보기에서 적당한 방향보어를 골라 빈칸을 채워 보세요.

> **보기**　　出来　　去　　下来　　来　　下

1) 그가 들어왔다.

⇒ 他进________了。

2) 그들은 모두 돌아갔다.

⇒ 他们都回________了。

3) 배추가 자라 나왔다.

⇒ 白菜长________了。

4) 회색토끼는 배추를 받았다.

⇒ 小灰兔收________了。

5) 기차가 멈췄다.

⇒ 火车停________了。

3. 괄호 안 단어의 알맞은 위치를 찾아보세요.

1) 她 ① 闭着 ② 眼走 ③ 下 ④。　　　　(楼)

2) 我 ① 把照相机 ② 带 ③ 来 ④。　　　　(没)

3) 我 ① 把这件事 ② 告诉 ③ 他 ④。　　　　(想)

4) 老师 ① 走 ② 进 ③ 来了 ④。　　　(教室)

4. '把' 자문으로 바꿔 보세요.

1) 我吃药了。

⇒ 我 ___________________ 了。

2) 他关上窗户了。

⇒ 他 ___________________ 了。

3) 他作完练习了。

⇒ 他 ___________________ 了。

5. 본문 내용을 바탕으로 다음 질문에 대답해 보세요.

1) 老山羊把什么送给了小白兔和小灰兔?

____。

2) 小白兔要白菜了吗?

____。

3) 小白兔为什么不要白菜要菜子?

____。

4) 小灰兔为什么没有白菜吃了?

____。

14 三只 白鹤
sān zhī báihè

一 天 中午，三 只 白鹤 在 河 里 捉 到 了 许多 鱼。
Yì tiān zhōngwǔ, sān zhī báihè zài hé lǐ zhuō dào le xǔduō yú.

他们 吃 的 饱饱 的，把 剩下 的 一 条 大鱼 埋 在 地
Tāmen chī de bǎobāo de, bǎ shèngxià de yì tiáo dàyú mái zài dì

里，留着 明天 吃。
lǐ, liúzhe míngtiān chī.

第 一 只 白鹤 抬头 看 了 看 太阳，记住 大鱼 埋
Dì yī zhī báihè táitóu kàn le kàn tàiyáng, jìzhù dàyú mái

在 太阳 底下。第 二 只 白鹤 抬头 看 了 看 天空，记住
zài tàiyáng dǐxià. Dì èr zhī báihè táitóu kàn le kàn tiānkōng, jìzhù

大鱼 埋 在 白云 下面。第 三 只 白鹤 看 了 看 河边 的
dàyú mái zài báiyún xiàmiàn. Dì sān zhī báihè kàn le kàn hébiān de

大柳树，记住 大鱼 埋 在 柳树 旁边。
dàliǔshù, jìzhù dàyú mái zài liǔshù pángbiān.

第二天，太阳　刚刚　　升起，三　只　白鹤　都　睡醒　了。
Dì'èrtiān,　tàiyáng gānggāng shēngqǐ, sān zhī báihè dōu shuìxǐng le.

第　一　只　白鹤　朝　太阳　飞去。第　二　只　白鹤　朝　白云
Dì yī zhī báihè cháo tàiyáng fēiqù. dì èr zhī báihè cháo báiyún

飞去。第　三　只　白鹤　飞　到　河边，落　在　大柳树　旁边。
fēiqù. Dì sān zhī báihè fēi dào hébiān, luò zài dàliǔshù pángbiān.

哪　只　白鹤　能　找到　埋　在　地　里　的　大鱼　呢?
Nǎ zhī báihè néng zhǎodào mái zài dì lǐ de dàyú ne?

새단어 生词

1. **中午** zhōngwǔ 圐 한낮, 정오
2. **河** hé 圐 강, 하천
3. **鹤** hè 圐 학, 두루미
4. **捉** zhuō 圐 사로잡다, 포획하다
5. **剩下** shèngxia 圐 남다
6. **埋** mái 圐 묻다, 파묻다
7. **留** liú 圐 남기다
8. **抬** tái 圐 (위를 향해) 쳐들다, 들어올리다
9. **记** jì 圐 기억하다
10. **住** zhù 圐 동사 뒤 보어로 사용(확고함이나 안정됨을 나타냄)
11. **底下** dǐxià 圐 밑, 아래
12. **云** yún 圐 구름
13. **柳树** liǔshù 圐 버드나무
14. **旁边** pángbiān 圐 옆, 근처
15. **升** shēng 圐 오르다, 떠오르다, 올라가다
16. **起** qǐ 圐 동사 뒤 보어로 사용(동사 뒤에 쓰여 동작이 밑에서 위로 향함을 나타냄)
17. **醒** xǐng 圐 깨(어나)다
18. **朝** cháo 圐 …을 향해
19. **飞** fēi 圐 날다
20. **到** dào 圐 동사 뒤 보어로 사용(동작이나 성질, 상태가 어떤 정도에 도달함을 나타냄)
21. **落** luò 圐 떨어지다, 머무르다
22. **找** zhǎo 圐 찾다

1. 결과보어 (2)

본문에서 결과보어로 상용되는 몇 가지 동사의 결과 의미와 용법을 살펴보면 다음과 같다.

到 목적에 이름, 대상을 얻음, 어떤 시간이나 장소에 도달함.

三只白鹤在河里捉到了许多鱼。　세 마리 백두루미가 강에서 많은 물고기를 잡았다.
Sān zhī báihè zài hé lǐ zhuōdàole xǔduō yú.

我们学到第五课了。　우리는 5과까지 공부했다.
Wǒmen xuédào dì wǔ kè le.

在 어느 장소에 정착함.

把剩下的一条大鱼埋在地里。　남은 한 마리 큰 물고기를 땅에 묻었다.
Bǎ shèngxia de yì tiáo dàyú mái zài dì lǐ.

李先生住在楼上。　이 선생님은 위층에 산다.
Lǐ xiānsheng zhù zài lóushàng.

住 동작 또는 대상이 고정되어 움직이지 않게 됨.

第一只白鹤记住大鱼埋在太阳底下。
Dì yī zhī báihè jìzhù dàyú mái zài tàiyáng dǐxià.
첫 번째 백두루미는 물고기를 태양 아래에 묻은 것을 기억했다.

站住! 거기 서!
Zhànzhù!

醒 동작[행위]에 의해 깨어남.

三只白鹤都睡醒了。　세 마리 백두루미는 모두 잠에서 깼다.
Sān zhī báihè dōu shuìxǐng le.

妈妈叫醒了我。　엄마가 나를 불러 깨웠다.
Māma jiàoxǐng le wǒ.

2. 서수

순서를 나타내는 서수는 숫자 앞에 '第'를 붙여 몇 번째임을 나타낸다.

第一 첫째		第二天 둘째날		第一名 일등		第一次 첫 번째
dì yī		dì'èr'tiān		dì yī míng		dì yī cì

그러나 다음과 같은 경우에는 '第'를 붙이지 않는다.

년 월 일 :	二零零六年 2006년	一月 1월	一号 1일
	èr líng líng liù nián	yīyuè	yī hào
가족 서열 :	大哥 큰형	二姐 둘째 언니	三妹 셋째 여동생
	dàgē	èrjiě	sānmèi
건물 층수 :	一层 1층	二楼 2층	
	yì céng	èr lóu	

3. 형용사의 중첩 (1)

일부 형용사는 중첩하여 사용할 수 있는데, 형용사를 중첩하여 강조를 뜻한다.

형용사	중첩형	예
단음절 형용사	AA형	大大, 高高
2음절 형용사	AABB형	高高兴兴, 清清楚楚
상태 형용사	ABAB형	雪白雪白, 通红通红

我喜欢戴红红的帽子。　나는 빨간 모자 쓰는 것을 좋아한다.
Wǒ xǐhuan dài hónghóng de màozi.

我们痛痛快快地玩儿一天吧。　우리 신나게 하루 놀자.
Wǒmen tòngtong kuāikuāi de wánr yī tiān ba.

外面雪白雪白的。　바깥이 새하얗다.
Wàimiàn xuěbái xuěbái de.

1. 확장연습

看太阳
看了看太阳
白鹤抬头看了看太阳

在柳树旁边
埋在柳树旁边
把大鱼埋在柳树旁边

2. 다음 질문에 대답해 보세요.

1) 三只白鹤在河里捉什么了？

   _______________________________________。

2) 三只白鹤把鱼都埋在了什么地方？

   _______________________________________。

3) 为什么只有第三只白鹤找到了大鱼？

   _______________________________________。

3. 보기에서 적합한 결과보어를 찾아 문장을 완성하세요.

보기   到   住   在   醒

1) 그는 풀밭에 누워 있습니다.

   ⇒ 他躺______草地上。

2) 나는 자명종에 시끄러워서 깼습니다.

   ⇒ 我被闹钟吵______了。

3) 그의 말을 나는 모두 기억했습니다.

   ⇒ 他的话我都记______了。

4) 그 책을 나는 샀습니다.

   ⇒ 那本书我买______了。

4. 괄호 안의 형용사를 중첩하여 문장을 다시 써 보세요.

1) 他把话说得(清楚)。

   ____。

2) 我得(认真)地学习汉语。

   ____。

3) 孩子们穿得(漂亮)的。

   ____。

4) 他的脸(通红)的。

   ____。

5. 다음 문장의 틀린 부분을 바르게 고쳐 보세요.

1) 他的眼睛很大大的。

   ____。

2) 她喜欢吃很辣辣的面。

   ____。

3) 他高兴高兴地回家了。

   ____。

4) 台布雪雪白白的。

   ____。

坐 井 观 天
zuò　jǐng　guān　tiān

青蛙 坐 在 井 里，小鸟 飞来，落 在 井 沿 上。
Qīngwā zuò zài jǐng lǐ, xiǎoniǎo fēilái, luò zài jǐng yán shang.

青蛙 问 小鸟："你 从 哪儿 来 呀？"
Qīngwā wèn xiǎoniǎo: "Nǐ cóng nǎr lái ya?"

小鸟 回答 说："我 从 天上 来，飞了 一百 多 里，
Xiǎoniǎo huídá shuō: "Wǒ cóng tiānshang lái, fēile yìbǎi duō lǐ,

口渴 了，下来 找 点 水 喝。"
kǒukě le, xiàlái zhǎo diǎn shuǐ hē."

青蛙 说："朋友，别 说 大话 了！天 不过 井口 那么
Qīngwā shuō: "Péngyou, bié shuō dàhuà le! Tiān búguò jǐngkǒu nàme

大，还 用 飞 那么 远 吗？"
dà, hái yòng fēi nàme yuǎn ma?"

小鸟　说：“你　弄错　了。天　无边无际，大　得　很　哪！”
Xiǎoniǎo shuō: "Nǐ nòngcuò le. Tiān wúbiān wújì, dà de hěn na!"

青蛙　笑　了，说：“朋友，我　天天　坐　在　井　里，一　抬头
Qīngwā xiào le, shuō: "Péngyou, wǒ tiāntiān zuò zài jǐng lǐ, yì táitóu

就　看见　天。我　不　会　弄错　的。
jiù kànjiàn tiān. Wǒ bú huì nòngcuò de.

小鸟　也　笑　了，说：“朋友，你　是　弄错　了。不　信，你
Xiǎoniǎo yě xiào le, shuō: "Péngyou, nǐ shì nòngcuò le, bú xìn, nǐ

跳出　井口　来　看一看　吧。”
tiàochū jǐngkǒu lái kàn yi kàn ba."

새단어 生词

1. 青蛙　qīngwā　명 청개구리
2. 井　jǐng　명 우물
3. 鸟　niǎo　명 새
4. 沿　yán　명 가장자리
5. 回答　huídá　동 대답하다
6. 里　lǐ　명 안, 속
7. 渴　kě　동 목마르다, 갈증나다
8. 大话　dàhuà　명 큰소리, 허풍
9. 不过　búguò　…에 지나지 않다, …에 불과하다

10. 口　kǒu　명 입구
11. 用　yòng　동 필요하다
12. 远　yuǎn　형 멀다
13. 弄错　nòngcuò　동 실수하다, 잘못 알다
14. 无边无际　wúbiān wújì　(범위가) 아득히 멀고 넓어서 끝이 없다
15. 天天　tiāntiān　명 매일, 날마다
16. 信　xìn　명 편지
17. 跳　tiào　동 뛰다, 위로 뛰어오르다

1. 어림수 '多'

'多'는 불확실한 어림수를 나타내는 데 사용된다. 앞에 놓이는 수사에 따라 두 가지 위치에서 나타난다.

(1) 수사 + 多 + 양사 + 명사

수사의 마지막 수가 '0'으로 끝날 때 '多'는 수사 뒤 양사 앞에 위치한다.

我买了二十多个苹果。 나는 20여 개의 사과를 샀다.
Wǒ mǎi le èrshí duō ge píngguǒ.

他送给我十多把扇子。 그는 나에게 20여 자루의 부채를 보내 주었다.
Tā sòng gěi wǒ shí duō bǎ shànzi.

(2) 수사 + 양사 + 多 + 명사

수사가 '0' 이외의 숫자로 끝날 때 '多'는 양사 뒤 명사 앞에 위치한다. 단, 여기서 양사는 연속적인 양을 나타내는 시간양사·차용양사·도량사 등이어야 한다.

我儿子刚生下来有八斤多重。 내 아들을 막 낳았을 때 4kg이 넘었다.
Wǒ érzi gāng shēngxiàlái yǒu bā jīn duō zhòng.

我等了你两个多小时。 나는 너를 두 시간 남짓 기다렸다.
Wǒ děng le nǐ liǎng ge duō xiǎoshí.

2. 别…了

부정명령문은 '别'나 '不要'로 나타내며, 문장 끝에는 습관적으로 어기조사 '了'를 붙여 부정어기를 강조한다. 우리말로는 '…하지 말라'로 해석된다.

你别找他了, 他已经回国了。 그를 찾지 마라, 그는 이미 귀국했다.
Nǐ bié zhǎo tā le, tā yǐjing huíguó le.

请你不要吸烟, 不要乱扔果皮。
Qǐng nǐ búyào xīyān, búyào luànrēng guǒpí.
담배 피우지 말고, 과일껍질을 아무렇게나 버리지 말아라.

이외, 습관적으로 어기조사 '了'를 상용하는 몇 가지 관용구를 살펴보면 다음과 같다.

	의미	예
太…了	불만 · 칭찬 '너무 …하다'	他太骄傲了。 그는 너무 거만해. Tā tài jiāo'ào le. 他打得太棒了。 그는 너무 잘 쳐. Tā dǎ de tài bàng le.
可…了	강조 '정말 …하다'	这菜可香了。 이 음식은 너무 맛있어. Zhè cài kě xiāng le. 他妹妹长得可漂亮了。 그의 여동생은 너무 예뻐. Tā mèimei zhǎng de kě piàoliang le.
最…了	강조 '가장 …하다'	他中文说得最好了。 그가 중국어를 제일 잘 해. Tā Zhōngwén shuō de zuì hǎo le. 他最喜欢红色了。 그는 붉은색을 가장 좋아해. Tā zuì xǐhuan hóngsè le.
快/就/要…了	임박 '곧 …일 것이다'	外面快下雨了。 바깥은 곧 비가 내릴 것 같아. Wàimiàn kuài xiàyǔ le. 电影就要开演了。 영화가 곧 시작할 거야. Diànyǐng jiù yào kāiyǎn le.

3. 那么

지시대명사 '那么'는 '그렇게, 저렇게'의 의미로 보통 문장에서 부사어로 사용된다. 주로 '有(没有)…那么(这么)~' 비교문 형식에 상용된다.

釜山没有你想象得那么大。 부산은 네가 생각하는 것만큼 크지 않다.
Fǔshān méiyǒu nǐ xiǎngxiàng de nàme dà.

昨天没有今天这么热。 어제는 오늘만큼 덥지 않았다.
Zuótiān méiyǒu jīntiān zhème rè.

4. 명사의 중첩

일부 명사는 중첩하여 '전부, 모두'의 의미를 나타낸다.

天天有人来找他。 날마다 어떤 사람이 그를 찾아온다.
Tiāntiān yǒu rén lái zhǎo tā.

人人都想去泰山。 사람들 모두 태산에 가고 싶어한다.
Rénrén dōu xiǎng qù Tàishān.

家家户户都开着灯。 집집마다 모두 불을 켜고 있다.
Jiājiāhùhù dōu kāizhe dēng.

他里里外外操心。 그는 안팎으로 전부 애쓴다.
Tā lǐlǐwàiwài cāoxīn.

5. 어기조사

문장 끝에서 문장의 어기를 강조하는 어기조사는 종류에 따라 약간의 의미상의 차이가 있다. 여기서 몇 가지 자주 사용하는 어기조사를 살펴보면 다음과 같다.

어기조사	강조 의미	예
啊	놀람 · 감탄	你才走啊。 너는 지금 가니? Nǐ cái zǒu a.
吗	의문	你来吗? 너 올 거니? Nǐ lái ma?
吧	추측 · 제의 · 청구 등	明天你去吧? 내일 가죠? Míngtiān nǐ qù ba? 你来吧。 오너라 Nǐ lái ba.
呢	의문(어기 완화)	我们都去打球, 你呢? Wǒmen dōu qù dǎ qiú, nǐ ne? 우리는 모두 공 치러 갈 건데, 너는?

참고 啊 呀 哇 哪

어기조사 앞에 놓이는 단어의 마지막 발음에 따라 '啊'는 '啊 a, 呀 ya, 哇 wa, 哪 na'로 구분한다. 마지막 발음이 '-a, -o, -e, -i, -ü'로 끝나면 '呀'로, '-u, -ao'로 끝나면 '哇'로, '-n'으로 끝나면 '哪'로, '-ng'으로 끝나면 '啊'로 읽는다.

天好热呀。　날이 너무 더워요.
Tiān hǎo rè ya.

天哪, 你怎么才来?　세상에, 너는 어떻게 지금에야 오니?
Tiān na, nǐ zěnme cái lái?

多子多福哇。　자손도 번창하고 다복하세요.
Duōzǐ duōfú wa.

穿这么少多冷啊。　이렇게 적게 입었으니 얼마나 추울까.
Chuān zhème shǎo duō lěng a.

6. '是…的' 강조구문

중국어에서는 동작과 관련된 시간이나 장소, 목적 혹은 화자의 생각이나 태도 등을 강조하기 위해 '是…的' 구문을 사용한다. '是…的' 구문의 형식은 강조하고자 하는 부분을 '是'와 '的' 사이에 넣으면 된다.

(1) (是)…的

동작과 관련된 시간이나 장소, 목적 등을 강조하는데 일반적으로 과거의 일을 서술한다. 이때 '是'는 생략할 수 있다.

我是昨天来北京的。　나는 어제 북경에 왔다.
Wǒ shì zuótiān lái Běijīng de.

姐姐是从上海来的。　언니는 상해에서 왔다.
Jiějie shì cóng Shànghǎi lái de.

(2) 是…(的)

화자의 생각이나 태도 등을 강조하는데 시제와는 무관하게 사용할 수 있다. 이때 본문과 같이 '的'를 생략할 수 있다.

我是想搬家了。 나는 이사 가려 한다.
Wǒ shì xiǎng bānjiā le.

他是想去看电影。 그는 영화보러 가려는 것이다.
Tā shì xiǎng qù kàn diànyǐng.

1. 확장연습

<table>
<tr><td>

一百里
一百多里
飞来了一百多里
我从天上飞来了一百多里

</td><td>

看一看
跳出来看一看
跳出井口来看一看
你跳出井口来看一看吧

</td></tr>
</table>

2. 다음 질문에 대답해 보세요.

1) 小鸟从哪儿来的?

　　____。

2) 青蛙认为天多大？ 为什么？

　　____。

3) 小鸟说天多大?

　　____。

3. 보기에서 알맞은 어기조사를 골라 문장을 완성하세요.

보기	了　啊　呢　吧　吗

1) 他什么时候走的 ______ ?

2) 这几天天气可真热 ______ !

3) 春节快要到 ______ 。

4) 您是金先生 ______ ?

4. 괄호 안 단어의 알맞은 위치를 찾아보세요.

    1) 礼堂里 ① 坐着 ② 几百 ③ 个 ④ 人。   （多）

    2) 他 ① 长得 ② 没有 ③ 元彬 ④ 帅。   （那么）

    3) 我 ① 认为 ② 他 ③ 会 ④ 弄错的。   （不）

    4) 我 ① 在北京 ② 住了四 ③ 个 ④ 月。   （多）

5. 다음 어휘를 조합하여 완전한 문장을 만들어 보세요.

    1) 那么   井口   过   不   天   大

    ____。

    2) 落   小鸟   沿   来   飞   在   井口   上

    ____。

    3) 朋友   话   大   了   说   别

    ____。

找 到 鞋

— 신을 찾았다 —

有一天，一位老人在公共汽车上遇见一位嬉皮士，见他只有一只脚穿着鞋。

"先生，您掉了一只鞋？"老人问道。

"不，老头。"嬉皮士回答，"我找到了一只鞋。"

어느 날 한 노인이 버스에서 히피 한 사람을 만났는데, 그가 신발 한 짝만 신은 것을 보고,
노인이 "선생, 당신 신발 한 짝을 잃어버렸어요?"라고 물으니,
히피가 대답하길, "아니요, 노인네, 나는 신발 한 짝을 찾았어요."

보충단어

1. 遇见 yùjiàn 동 만나다
2. 嬉皮士 xīpíshì 명 히피
3. 鞋 xié 명 신
4. 掉 diào 동 떨어지다, 잃어버리다

骆驼 和 羊
Luòtuo hé yáng

骆驼 长 得 高, 羊 长 得 矮。骆驼 说："长 得 高
Luòtuo zhǎng de gāo, yáng zhǎng de ǎi. Luòtuo shuō: "Zhǎng de gāo

好。" 羊 说:"不对, 长 得 矮 才 好 呢。" 骆驼 说:"我
hǎo." Yáng shuō: "Búduì, zhǎng de ǎi cái hǎo ne." Luòtuo shuō: "Wǒ

可以 做 一 件 事情, 证明 高 比 矮 好。" 羊 说:"我
kěyǐ zuò yí jiàn shìqing, zhèngmíng gāo bǐ ǎi hǎo." Yáng shuō: "Wǒ

也 可以 做 一 件 事, 证明 矮 比 高 好。"
yě kěyǐ zuò yí jiàn shì, zhèngmíng ǎi bǐ gāo hǎo."

他们 俩 走到 一 个 园子 旁边。园子 四面 有 围墙,
Tāmen liǎ zǒudào yí ge yuánzi pángbiān. Yuánzi sìmiàn yǒu wéiqiáng,

里面 种 了 很 多 树, 茂盛 的 枝叶 伸出 墙 外 来。骆驼
lǐmiàn zhòng le hěn duō shù, màoshèng de zhīyè shēnchū qiáng wài lái. Luòtuo

一 抬 头 就 吃到 了 树叶。羊 抬起 前 腿, 扒 在 墙 上,
yì tái tóu jiù chīdào le shùyè. Yáng táiqǐ qián tuǐ, bā zài qiáng shang,

脖子 伸 得 老长, 还是 吃 不 着。骆驼 说:"你 看, 这
bózi shēn de lǎocháng, háishì chī bu zháo. Luòtuo shuō: "Nǐ kàn, zhè

可以 证明 了 吧, 高 比 矮 好。" 羊 摇 了 摇 头, 不 肯
kěyǐ zhèngmíng le ba, gāo bǐ ǎi hǎo." Yáng yáo le yáo tóu, bù kěn

认输。
rènshū.

他们 俩 又 走 了 几 步, 看见 围墙 上 有 个 又 窄
Tāmen liǎ yòu zǒu le jǐ bù, kànjiàn wéiqiáng shang yǒu ge yòu zhǎi

又 矮 的 门。羊 大模大样 地 走进 门 去 吃 园子 里 的
yòu ǎi de mén. Yáng dàmó dàyàng de zǒujìn mén qù chī yuánzi lǐ de

草。骆驼　跪下　前腿，低　下　头　往　门　里　钻，怎么　也　钻
cǎo.　Luòtuo　guìxià　qiántuǐ,　dī　xià　tóu　wǎng　mén　lǐ　zuān,　zěnme　yě　zuān

不　进去。羊　说："你　看，这　可以　证明　了　吧，矮　比　高
bu　jìnqù.　Yáng　shuō:　"Nǐ　kàn,　zhè　kěyǐ　zhèngmíng　le　ba,　ǎi　bǐ　gāo

好。"骆驼　摇　了　摇　头，也　不　肯　认输。
hǎo."　Luòtuo　yáo　le　yáo　tóu,　yě　bù　kěn　rènshū.

　　他们　俩　找　老牛　评理。老牛　说："你们　俩　都　只　看到
　　Tāmen　liǎ　zhǎo　lǎoniú　pínglǐ.　Lǎoniú　shuō:　"Nǐmen　liǎ　dōu　zhǐ　kàndào

自己　的　长处，看　不　到　自己　的　短处，这　是　不对　的。"
zìjǐ　de　chángchu,　kàn　bu　dào　zìjǐ　de　duǎnchu,　zhè　shì　búduì　de."

새단어 生词

1. 骆驼　luòtuo　명 낙타
2. 矮　ǎi　형 키가 작다
3. 不对　búduì　형 틀리다
4. 事情　shìqing　명 일
5. 证明　zhèngmíng　동 증명하다
6. 俩　liǎ　명 둘, 두 개
7. 园子　yuánzi　명 채소밭·꽃밭 등의 총칭
8. 四面　sìmiàn　명 사면, 사방
9. 围墙　wéiqiáng　명 (집, 정원) 둘러싼 담
10. 茂盛　màoshèng　형 (풀, 나무) 무성하다
11. 枝叶　zhīyè　명 나뭇가지와 잎
12. 伸　shēn　동 (신체나 물체의 일부분을) 펴다, 펼치다, 내밀다
13. 扒　bā　동 (바깥쪽으로) 내뻗치다, 펴다

14. 脖子　bózi　명 목
15. 头　tóu　명 머리
16. 肯　kěn　능 기꺼이 …하다
17. 认输　rènshū　동 굴복하다, 패배를 시인하다
18. 步　bù　명 걸음
19. 窄　zhǎi　형 (폭이) 좁다
20. 大模大样　dàmó dàyàng　거드름을 피우는 모양, 거만한 모양
21. 跪　guì　동 무릎을 꿇다
22. 前腿　qiántuǐ　명 (짐승의) 앞다리
23. 钻　zuān　동 뚫다, (뚫고) 들어가다
24. 评理　pínglǐ　동 시비를 가리다, 어느 쪽이 옳은가를 결정하다
25. 长处　chángchu　명 장점
26. 短处　duǎnchu　명 단점

1. 능원동사 '可以'

능원동사 '可以'는 능력이나 허가를 나타낸다. 우리말로의 '…할 수 있다' 혹은 '…해도 된다'에 해당한다. 혼동하기 쉬운 다음 세 가지 능력·허가의 능원동사를 비교해 보자.

능원동사	기능	예
可以	능력·허가	这儿可以抽烟吗? 여기서 담배 피워도 됩니까? Zhèr kěyǐ chōuyān ma?
能	능력·허가	你能吸烟吗? 당신은 담배 피울 수 있나요? Nǐ néng xīyān ma?
会	학습에 의한 능력	你会弹钢琴吗? 당신은 피아노를 연주할 수 있나요? Nǐ huì tán gāngqín ma?

주로 신체 혹은 지적 능력이나 객관적인 조건하에서의 허락을 나타낼 때는 '可以'나 '能'을 사용하고, 학습에 의한 능력 즉 배워서 할 줄 앎을 나타낼 때는 '会'를 사용한다.

2. '比' 비교문

중국어에서 성질이나 상태 및 정도를 비교할 때 사용하는 비교문은 '比'를 써서 나타낼 수 있는데, 우리말의 'A는 B보다 …하다'에 해당한다. 그 형식은 'A 比 B …'로 각각의 A와 B에는 동사·형용사·명사 혹은 구 등 같은 품사나 구가 올 수 있다. 'A 比 B' 다음에는 결과를 나타내는 동사나 형용사가 나오고, 그 뒤에는 결과의 차이나 정도를 나타내는 성분이 올 수 있다. 상용 형식을 살펴보면 다음과 같다.

> A + 比 + B + 형용사 + (수량사/-得多/-得很/一些/一点儿)
>
> ⇑ ⇑
>
> 비교결과 　　　　 결과의 차이
>
> ⇓ ⇓
>
> A + 比 + B + 동사 + (수량사/-得 정도보어/ 得 상태보어)

姐姐比妹妹漂亮得多。 언니는 여동생보다 더 예쁘다.
Jiějie bǐ mèimei piàoliang de duō.

哥哥比弟弟高一些。 형은 남동생보다 키가 조금 크다.
Gēge bǐ dìdi gāo yìxiē.

我比你重一公斤多。 나는 너보다 1kg 남짓 무겁다.
Wǒ bǐ nǐ zhòng yì gōngjīn duō.

3. 방향보어 (3)

방향보어가 쓰인 문장에서 목적어의 위치는 다음과 같다.

(1) '来/去'를 제외한 단순방향동사 뒤에 놓이고, '来/去'가 붙은 것은 단순형이든 복합형이든 우선 목적어를 '来/去' 앞에 놓는다.

동사 + 上 / 下 / 进 / 出 / 回 / 过 / 起 / 开 + 목적어 + 来 / 去

他进屋来。 그는 집안으로 들어왔다.
Tā jìn wū lái.

他回家去。 그는 집으로 돌아갔다.
Tā huíjiā qù.

我想带阳伞去。 나는 양산을 가져가고 싶다.
Wǒ xiǎng dài yángsǎn qù.

老师走进教室来了。 선생님이 교실로 들어오셨다.
Lǎoshī zǒu jìn jiàoshì lái le.

(2) 동작이 이미 완료되었을 때는 목적어를 '来/去'의 앞이나 뒤에 둘 수 있다.

他拿了一本书去。 그는 책 한 권을 가져갔다.
Tā ná le yì běn shū qù.

他拿去了一本书。 그는 책 한 권을 가져갔다.
Tā náqu le yì běn shū.

他带回来那包香烟。 그는 그 담배를 가지고 돌아왔다.
Tā dài huílai nà bāo xiāngyān.

(3) 목적어가 일반 사물이 아닌 추상명사일 경우엔 '来 / 去'의 뒤에만 온다.

真抱歉, 给你带来这么多麻烦。 정말 미안해, 너에게 이렇게 많은 폐를 끼쳐서.
Zhēn bàoqiàn, gěi nǐ dàilái zhème duō máfan.

4. 가능보어의 부정

'…할 수 있다'를 나타내는 가능보어가 쓰이는 문장의 형태는 '동사+得+결과/방향보어'이
다. 이 가능보어의 부정은 구조조사 '得' 대신 '不'를 써서 부정하고 '…할 수 없다'의 의미
를 가지게 된다.

동사 + 得 / 不 + 결과 / 방향보어

他一天洗不完这么多衣服。 그는 하루에 이렇게 많은 옷세탁을 마칠 수 없다.
Tā yìtiān xǐ bu wán zhème duō yīfu.

今天你回不去。 오늘 너는 돌아가지 못한다.
Jīntiān nǐ huí bu qù.

这么高, 你上不来。 이렇게 높으니 너는 올라올 수 없을 것이다.
Zhème gāo, nǐ shàng bu lái.

참고 결과/방향보어의 부정은 동사 앞에 '没(有)'를 쓰면 된다.

他还没吃完。 그는 아직 다 먹지 않았다.
Tā hái méi chī wán.

我没听懂你的话。 나는 너의 말을 못 알아들었다.
Wǒ méi tīngdǒng nǐ de huà.

他没回家去。 그는 집으로 돌아가지 않았다.
Tā méi huíjiā qù.

연습문제 

练习

1. 확장연습

<table>
<tr><td>长处</td><td>高好</td></tr>
<tr><td>自己的长处</td><td>矮比高好</td></tr>
<tr><td>只看到自己的长处</td><td>证明矮比高好</td></tr>
<tr><td>你们俩都只看到自己的长处</td><td>我可以证明矮比高好</td></tr>
</table>

2. 다음 질문에 대답해 보세요.

1) 骆驼和羊要证明什么？

   ____ 。

2) 骆驼是怎么证明高比矮好的？

   ____ 。

3) 羊是怎么证明矮比高好的？

   ____ 。

4) 为什么老牛批评羊和骆驼？

   ____ 。

3. 보기에서 알맞은 능원동사를 골라 문장을 완성하세요.

보기	可以　　能　　会

1) 도서관에서는 큰소리로 얘기하면 안 된다.

   ⇒ 图书馆里不＿＿＿＿＿大声说话。

2) 여기서 담배 피워도 됩니까?

　　⇒ 这里 _______ 抽烟吗

3) 나는 중국어를 조금 할 줄 안다.

　　⇒ 我 _______ 说一点儿汉语。

4. 다음 비교문을 완성하세요.

1) 오늘은 어제보다 덥다.

　　_______________________________________。

2) 그는 나보다 빨리 달린다.

　　_______________________________________。

3) 그는 나보다 조금 더 키가 크다.

　　_______________________________________。

5. 두 문장을 연결하여 완전한 문장을 만들어 보세요.

1) 昨天晚上我怎么也 _____________ 。　　　•　　　• 挤满了人

2) 公车里面 ___________ 。　　　•　　　• 没听清楚

3) 昨晚我开车把他 ___________ 。　　　•　　　• 睡不着

4) 对不起,我 ___________ , 请再说一遍。　　•　　　• 送回家去了

▶ 재미있게 읽어 보세요.

借 书

— 책을 빌리다 —

海马先生到他朋友家里，想借本书。

"很遗憾。"那位朋友说，"我从来不借书给别人。"

"为什么？"

"因为借书的从来不还书？"

"您很肯定么？"

"绝对肯定。这是经

验之谈啊！我的全部书都

是这么弄来的。"

해마 선생은 그의 친구 집에 가서 책 한 권을 빌리려고 했다.
"아주 유감인데." 그 친구가 말하기를, "나는 이제껏 남에게 책을 빌려주지 않았거든."
"왜?"
"왜냐하면 책을 빌린 사람은 자고로 책을 돌려주지 않거든."
"자네 아주 확신하는가?"
"매우 확신하네. 이것은 경험에서 나온 이야기라구! 내 책 전부 이렇게 구해온 것이니까."

보충단어

1. **遗憾** yíhàn 〔형〕 유감스럽다
2. **别人** biérén 〔명〕 다른 사람
3. **肯定** kěndìng 〔형〕 틀림없다, 확실하다
4. **绝对** juéduì 〔부〕 절대, 매우
5. **经验** jīngyàn 〔명〕 경험
6. **全部** quánbù 〔명〕 전부
7. **弄** nòng 〔동〕 하다

写 信
xiě　xìn

红红　表姐：
Hónghong biǎojiě :

你　好，好久没见　了，
Nǐ　hǎo, hǎojiǔ méijiàn　le,

姑父、姑母　都　好　吗？
gūfù、　gūmǔ　dōu　hǎo　ma?

告诉　你　一　个　好　消息，
Gàosu　nǐ　yí　ge hǎo xiāoxi,

上　星期天，我　家　搬进　新　楼　里　啦! 全家　四　口　再　也
shàng xīngqītiān,　wǒ　jiā　bānjìn　xīn　lóu　lǐ　la! Quánjiā sì　kǒu　zài　yě

不用　挤　在　十　平方米　的　小　天地　里　吃饭，睡觉，学习，
búyòng　jǐ　zài　shí　píngfāngmǐ　de　xiǎo　tiāndì　lǐ　chīfàn,　shuìjiào,　xuéxí,

工作　了。我　自己　也　有　了　个　小　房间。
gōngzuò　le. Wǒ　zìjǐ　yě　yǒu　le　ge　xiǎo fángjiān.

我　的　房间　空气　流通，阳光　　充足。夜晚，月光　　照
Wǒ　de　fángjiān kōngqì　liútōng, yángguāng chōngzú, yèwǎn, yuèguāng zhào

进来，像　给　我　的　房间　披　上　了　一　层　薄　纱。
jìnlái,　xiàng gěi　wǒ　de　fángjiān　pī shàng le　yì　céng　bó　shā

你　还　记得　我　家　的　那　张　旧　书桌　吗? 它　虽然　很
Nǐ　hái　jìde　wǒ　jiā　de　nà zhāng jiù shūzhuō ma? Tā　suīrán hěn

普通，我　对　它　却　有　特殊　的　感情。我　把　它　搬进　我
pǔtōng,　wǒ　duì　tā　què　yǒu　tèshū　de gǎnqíng. Wǒ bǎ　tā　bānjìn　wǒ

的　房间，让　它　陪伴　我　读书，做　作业。
de fángjiān, ràng　tā　péibàn　wǒ dúshū,　zuò　zuòyè.

时间　不　早　了，就　写　到　这里。
shíjiān　bù zǎo　le,　jiù　xiě　dào　zhèlǐ.

祝　你　学习　进步！
Zhù　nǐ　xuéxí　jìnbù!

表妹
biǎomèi

石秋
Shíqiū

× 年×月×日
nián　yuè　rì

새단어 生词

1. 红红　Hónghong　명 홍홍(인명)
2. 表姐　biǎojiě　명 내외종 사촌누나
3. 好久没见　hǎojiǔ méijiàn　오랜만이다
4. 姑父　gūfù　명 고모부
5. 姑母　gūmǔ　명 고모
6. 告诉　gàosu　동 알리다
7. 消息　xiāoxi　명 소식
8. 搬　bān　동 옮기다
9. 新　xīn　형 새롭다
10. 楼　lóu　명 건물, 빌딩
11. 挤　jǐ　동 빽빽하게 들어차다
12. 平方米　píngfāngmǐ　명 평방미터
13. 天地　tiāndì　명 세상, 세계
14. 空气　kōngqì　명 공기
15. 流通　liútōng　동 유통하다
16. 阳光　yángguāng　명 햇빛
17. 充足　chōngzú　형 충분하다
18. 夜晚　yèwǎn　명 밤, 야간
19. 照　zhào　동 비치다, 비추다
20. 像　xiàng　동 마치 …와 같다
21. 披　pī　동 펴다, 펼치다
22. 层　céng　명 층
23. 薄　bó　형 얇다
24. 纱　shā　명 매우 가늘고 가벼운 실로 짜 낸 직물.
25. 记得　jìde　동 기억하고 있다
26. 旧　jiù　형 (오래되어) 낡다
27. 书桌　shūzhuō　명 책상
28. 虽然…却~　suīrán…què~　접 비록 … 일지라도 ~
29. 普通　pǔtōng　형 보통이다, 일반적이다
30. 特殊　tèshū　형 특수하다, 특별하다
31. 感情　gǎnqíng　명 감정
32. 陪伴　péibàn　동 동행하다, 동반하다
33. 读书　dúshū　동 공부하다
34. 祝　zhù　동 축복하다, 축원하다
35. 进步　jìnbù　동 진보하다
36. 表妹　biǎomèi　명 내외종 사촌누이동생
37. 石秋　Shíqiū　명 석추(인명)

1. 再

'再'는 동작이나 상태가 반복해서 나타남을 말하며, 우리말의 '또, 다시'에 해당한다. 자주 '也'와 함께 쓰이고 뒤에 부정의 의미를 이끌며, 우리말의 '더 이상은…'에 해당한다.

你明天再来。 너 내일 다시 오너라.
Nǐ míngtiān zài lái.

后来我们再也没见过面。 훗날 우리는 다시는 만나지 못했다.
Hòulái wǒmen zài yě méi jiànguo miàn.

2. 像

우리말의 '마치 …인 것 같다'에 해당하는 말로 추측이나 느낌을 표현하며, '好像'과 같은 의미이다.

他好像昨天没看见你。 그는 어제 너를 못 본 것 같다.
Tā hǎoxiàng zuótiān méi kànjiàn nǐ.

他长得像他妈妈。 그는 생김새가 그의 어머니를 닮았다.
Tā zhǎng de xiàng tā māma.

3. 却

우리말의 '오히려'에 해당하는 말로 상반되는 내용이나 의미의 전환을 나타내는 부사이다.

天越晚她却越精神起来了。 날이 깊어질수록 그녀는 오히려 기운이 났다.
Tiān yuè wǎn tā què yuè jīngshen qǐlái le.

我对她说对不起, 她却哭起来了。
Wǒ duì tā shuō duìbuqǐ, tā què kū qǐlái le.
내가 그녀에게 미안하다고 말하자 그녀는 오히려 울기 시작했다.

4. 让

우리말의 '…로 하여금 ~하게 하다'의 의미로 겸어문에 상용된다. '让'의 주어는 일반적으로 사람을 가리킨다.

老师让他打扫教室。 선생님이 그에게 교실을 청소하게 했다.
Lǎoshī ràng tā dǎsǎo jiàoshì.

妈妈让妹妹吃苹果。 엄마가 여동생에게 사과를 먹으라고 했다.
Māma ràng mèimei chī píngguǒ.

5. 어기조사 '了'

어기조사 '了'는 형용사술어문이나 '不'가 쓰인 문장 등의 문장 끝에 놓여 상태나 상황·성질·정도의 '변화'를 나타낸다.

这星期我不忙了。 이번주에 나는 바쁘지 않아요.
Zhèxīngqī wǒ bù máng le.

天气凉快了。 날씨가 선선해졌다.
Tiānqì liángkuai le.

6. 편지봉투 서식

7. 축복의 인사말

祝你生日快乐!　생일 축하합니다!
Zhù nǐ shēngrì kuàilè!

祝周末愉快!　즐거운 주말 보내세요!
Zhù zhōumò yúkuài!

祝万事如意!　모든 일이 뜻대로 되길 바랍니다!
Zhù wànshì rúyì!

祝一路顺风!　가시는 길 편안하시길 바랍니다!
Zhù yílù shùnfēng!

祝一帆风顺!　순탄하시길 바랍니다!
Zhù yìfān fēngshùn!

祝学习进步!　학업이 정진하시길 바랍니다!
Zhù xuéxí jìnbù!

祝一切顺利!　모든 일이 순조롭길 바랍니다!
Zhù yíqiè shùnlì!

1. 확장연습

> 一层薄纱
> 披上了一层薄纱
> 给我的房间披上了一层薄纱
> 月光像给我的房间披上了一层薄纱
>
> 在那里吃饭
> 不用挤在那里吃饭
> 再也不用挤在那里吃饭
> 我们再也不用挤在那里吃饭

2. 다음 질문에 대답해 보세요.

1) 石秋给谁写信?

　　____。

2) 石秋告诉红红什么消息?

　　____。

3) 他的房间怎么样?

　　____。

4) 石秋为什么喜欢她家的桌子?

　　____。

3. 빈칸에 알맞은 단어를 찾아 연결해 보세요.

1) 后来我们 _____ 也没见过面。　　·　　　　·　却

2) 我自己 _____ 有了个小房间。　　·　　　　·　让

3) 他 _____ 我的桌子搬出去了。　　·　　　　·　像

4) 妈妈不 _____ 我看电视。　　　　·　　　　·　再

5) 他让我准时到, 他 _____ 迟到了。　·　　　·　也

6) 你 _____ 你哥哥那么帅。　　　　·　　　　·　把

4. 괄호 안 단어의 알맞은 위치를 선택해 보세요.

1) 上星期我很 ① 忙 ② , 这星期不 ③ 忙 ④ 。   (了)

2) 春天 ① 到 ② 了, ③ 还 ④ 有点儿冷。   (却)

3) ① 明天 ② 来 ③ 一趟 ④ 吧。   (再)

4) 后天 ① 演唱会, ② 你去看, ③ 我 ④ 想去看。   (也)

5. 다음 어휘를 조합하여 완전한 문장을 만들어 보세요.

1) 空气   充足   房间   阳光   流通   我的

____ 。

2) 特殊的   却   对   我   感情   它   有

____ 。

▶재미있게 읽어 보세요.

翻 车 了

— 차가 뒤집혔다 —

一个目不识丁的人，买了一张报纸，做出读报的样子，但他把报纸拿倒了。

"喂，先生！"一个过路人问他，"报纸有什么新闻？"

那人答道："又出事了！你瞧，照片上的汽车统统都是轮子朝天。"

글자를 전혀 모르는 한 사람이 신문 한 장을 사서 읽는 체하였다. 그러나 그는 신문을 거꾸로 쥐고 있었다.

"여보세요, 선생님!" 한 행인이 그에게 물었다. "뉴스에 어떤 기사가 났나요?"

그 사람이 대답하여 말하길, "또 사고가 났네요! 사진에 있는 차들은 모두 타이어가 하늘을 향하고 있어요."라고 하였다.

보충단어

1. **目不识丁** mù bù shí dīng 낫 놓고 기역자도 모른다
2. **读** dú 동 읽다
3. **拿** ná 동 들다, 쥐다
4. **倒** dào 동 (상하, 전후가) 뒤집히다
5. **新闻** xīnwén 명 뉴스
6. **答** dá 동 대답하다
7. **瞧** qiáo 동 보다
8. **统统** tǒngtǒng 부 전부, 모두
9. **轮子** lúnzi 명 바퀴
10. **朝** cháo 개 …을 향하여

中国 的 首都
Zhōngguó de shǒudū

中国 的 首都 是 北京。北京 是 一 座 非常 美丽 的
Zhōngguó de shǒudū shì Běijīng. Běijīng shì yí zuò fēicháng měilì de

城市。面积 有 1.68 万 平方 千 米，人口 是 1,382
chéngshì. miànjī yǒu yī diǎn liùbā wàn píngfāng qiān mǐ, rénkǒu shì yìqiān sānbǎi bāshí'èr

万。
wàn.

天安门 在 北京城 的 中央， 红墙， 黄瓦， 又 庄严，
Tiān'ānmén zài Běijīngchéng de zhōngyāng, hóngqiáng, huángwǎ, yòu zhuāngyán,

又 美丽。天安门 前面 是 宽阔 的 广场。 广场 中间
yòu měilì. Tiān'ānmén qiánmiàn shì kuānkuò de guǎngchǎng. Guǎngchǎng zhōngjiān

矗立着 人民 英雄 纪念碑。
chùlìzhe Rénmín Yīngxióng Jìniànbēi.

北京 有 许多 又 宽 又 长 的 柏油 马路。道路 两 旁，
Běijīng yǒu xǔduō yòu kuān yòu cháng de bǎiyóu mǎlù. Dàolù liǎng páng,

绿树 成荫，鲜花 盛开。最近 北京 建立 了 许多 "回" 字形
lǜshù chéngyìn, xiānhuā shèngkāi. Zuìjìn Běijīng jiànlì le xǔduō "huí" zìxíng

环道，成为 连接 北京 各个 区域 的 主要 交通 枢纽。
huándào, chéngwéi liánjiē Běijīng gège qūyù de zhǔyào jiāotōng shūniǔ.

새단어 生词

1. 首都　shǒudū　몡 수도
2. 座　zuò　양 (도시, 산, 건축물) 비교적 크기가 크거나 고정된 물체를 세는 단위
3. 非常　fēicháng　뷔 아주
4. 美丽　měilì　혱 아름답다
5. 城市　chéngshì　몡 도시
6. 面积　miànjī　몡 면적
7. 人口　rénkǒu　몡 인구
8. 天安门　Tiān'ānmén　몡 천안문
9. 中央　zhōngyāng　몡 중앙
10. 黄　huáng　혱 노랗다
11. 瓦　wǎ　몡 기와
12. 庄严　zhuāngyán　혱 장엄하다, 엄숙하다
13. 宽阔　kuānkuò　혱 크다, 넓다
14. 广场　guǎngchǎng　몡 광장
15. 中间　zhōngjiān　몡 중간
16. 矗立　chùlì　통 우뚝 솟다
17. 人民　rénmín　몡 인민, 백성
18. 英雄　yīngxióng　몡 영웅
19. 纪念　jìniàn　통 기념하다
20. 碑　bēi　몡 비석
21. 宽　kuān　혱 넓다
22. 柏油　bǎiyóu　몡 콜타르, 아스팔트
23. 马路　mǎlù　몡 (도시, 근교의) 큰길
24. 道路　dàolù　몡 도로, 길
25. 旁　páng　몡 옆
26. 绿　lǜ　혱 푸르다, 녹색의
27. 荫　yìn　혱 그늘지다
28. 鲜　xiān　혱 신선하다
29. 盛开　shèngkāi　통 만발하다, 만개하다
30. 最近　zuìjìn　몡 최근
31. 许多　xǔduō　혱 다양하다
32. 回　huí　통 돌다, 선회하다
33. 字形　zìxíng　몡 글자의 모양
34. 环道　huándào　몡 순환도로
35. 连接　liánjiē　통 서로 맞닿게 하다
36. 区域　qūyù　몡 구역, 지역
37. 主要　zhǔyào　혱 주요하다
38. 交通　jiāotōng　몡 교통
39. 枢纽　shūniǔ　몡 중추, 요점, 요충지

并且 又 建立 了 许多 立交桥。立交桥 四周 有 绿 毯 似的
Bìngqiě yòu jiànlì le xǔduō lìjiāoqiáo Lìjiāoqiáo sìzhōu yǒu lǜ tǎn shìde

草坪 和 拼 成 图案 的 花坛。各种 车辆 在 桥上 桥下
cǎopíng hé pīn chéng tú'àn de huātán. Gèzhǒng chēliàng zài qiáoshàng qiáoxià

来来 往往，川流不息。
láilái wǎngwǎng, chuān liú bù xī.

北京 有 许多 名胜古迹 和 风景 优美 的 公园，还有
Běijīng yǒu xǔduō míngshèng gǔjì hé fēngjǐng yōuměi de gōngyuán, háiyǒu

许多 新 建立 的 高楼 大厦。站 在 高处 一 看，全 城
xǔduō xīn jiànlì de gāolóu dàshà. Zhàn zài gāochù yí kàn, quánchéng

到处 是 绿树，到处 是 大楼。
dàochù shì lǜshù, dàochù shì dàlóu.

朋友！如果 你 有 机会 去 中国，希望 一定 去 北京
Péngyou! Rúguǒ nǐ yǒu jīhuì qù Zhōngguó, xīwàng yídìng qù Běijīng

走 一 趟。
zǒu yí tàng.

새단어 生词

40. 并且	bìngqiě	접 또한, 그리고	50. 车辆	chēliàng 명 차량
41. 立交桥	lìjiāoqiáo	명 입체교차로	51. 来往	láiwǎng 동 오고가다, 왕래하다
42. 四周	sìzhōu	명 사방, 주위	52. 川流不息	chuān liú bù xī 행인이나 차량의 행렬이 흐르는 물처럼 끊이지 않다
43. 毯	tǎn	명 담요, 깔개		
44. 似	sì	조 …와 같다, 비슷하다	53. 名胜古迹	míngshèng gǔjì 명 명승고적
45. 似的	…shìde	조 …와 같다, 비슷하다	54. 风景	fēngjǐng 명 풍경
46. 草坪	cǎopíng	명 잔디밭	55. 优美	yōuměi 형 우아하고 아름답다
47. 拼	pīn	동 서로 맞붙이다, 서로 잇다	56. 大厦	dàshà 명 고층건물, 빌딩
48. 图案	tú'àn	명 도안	57. 机会	jīhuì 명 기회
49. 花坛	huātán	명 화단	58. 趟	tàng 양 차례, 번(동작의 횟수)

1. 并且

우리말의 '그리고, 또한'에 해당하는 말로, 두 문장을 병렬 연결하는 접속사이다.

> 他打来了开水，并且还沏了一杯牛奶。
> Tā dǎlái le kāishuǐ, bìngqiě hái qī le yì bēi niúnǎi.
> 그는 끓인 물을 길어 오고 또 우유 한 잔을 부었다.

> 老师不但会讲法语，并且还会说西班牙语。
> Lǎoshī búdàn huì jiǎng Fǎyǔ, bìngqiě hái huì shuō Xībānyáyǔ.
> 선생님은 불어를 할 줄 알 뿐만 아니라 스페인어도 할 줄 아신다.

2. …似的

명사나 대명사 혹은 동사 뒤에서 어떤 사물이나 상황이 서로 유사함을 나타내는 말로, 우리 말의 '…와 같다'에 해당한다.

> 这几天像春天似的暖和。　요 며칠 날씨가 봄처럼 따뜻하다.
> Zhè jǐ tiān xiàng chūntiān shìde nuǎnhuo.

> 这孩子大人似的说话。　이 아이는 어른처럼 말한다.
> Zhè háizi dàrén shìde shuōhuà.

3. 동사의 중첩 (3)

일반적으로 이음절 동사의 중첩형식은 'ABAB' 형식이나 일부 동사는 각 음절의 동사가 중 첩되어 병렬되는 'AABB' 형식으로 쓰여 동작이 여러 번 반복되어 나타남을 표현한다.

> 马路上车来来往往，川流不息。　도로 위에 차들이 끊임없이 오고간다.
> Mǎlù shàng chē láilái wǎngwǎng, chuān liú bù xī.

> 孩子们打打闹闹，玩个不停。　아이들은 시끄럽게 장난치며 쉼없이 논다.
> Háizimen dǎdǎ nàonào, wán ge bùtíng.

1. 확장연습

美丽的城市	来往
非常美丽的城市	来来往往
一座非常美丽的城市	在桥上桥下来来往往
北京是一座非常美丽的城市	各种车辆在桥上桥下来来往往

2. 다음 질문에 대답해 보세요.

1) 北京的人口和面积有多少?

　　____。

2) 天安门在什么地方?

　　____。

3) 北京都有哪些道路?

　　____。

4) 北京城有什么特色?

　　____。

3. 각각 어울리는 술어와 목적어를 연결해 보세요.

1) 宽阔 ·　　　　　· 鲜花

2) 矗立 ·　　　　　· 大厦

3) 盛开 ·　　　　　· 广场

4) 建立 ·　　　　　· 纪念碑

5) 优美 ·　　　　　· 风景

4. 다음 어휘들을 조합하여 완전한 문장을 만들어 보세요.

    1) 许多　　又　　又　　长　　北京　　的　　柏油　　宽　　有　　马路

    ———————————————————————————————。

    2) 纪念碑　　人民　　广场　　矗立　　着　　中间　　英雄

    ———————————————————————————————。

    3) 似的　　四周　　绿毯　　草坪　　有　　立交桥

    ———————————————————————————————。

5. 다음 문장을 완성해 보세요.

    1) 천안문은 장엄하고 아름답다.

    ———————————————————————————————。

    2) 각종 차량의 왕래가 끊이지 않는다.

    ———————————————————————————————。

    3) 북경에는 많은 명승고적과 풍경이 아름다운 공원이 있다.

    ———————————————————————————————。

寓言 两则
yùyán liǎng zé

揠 苗 助 长
yà miáo zhù zhǎng

古 时候 有 个 人，他 巴望 自己 田 里 的 禾苗 长
Gǔ shéhou yǒu ge rén, tā bāwàng zìjǐ tián lǐ de hémiáo zhǎng

得 快 些，天天 到 田边 去 看。可是 一 天，两 天，三
de kuài xiē, tiāntiān dào tiánbiān qù kàn. Kěshì yì tiān, liǎng tiān, sān

天，禾苗 好像 一点 也 没有 长 高。他 在 田边 焦急 地
tiān, hémiáo hǎoxiàng yìdiǎn yě méiyǒu zhǎng gāo. Tā zài tiánbiān jiāojí de

转来 转去，自言自语 地 说："我 得 想 个 办法 帮 它们
zhuànlái zhuànqù, zìyán zìyǔ de shuō: "Wǒ děi xiǎng ge bànfǎ bāng tāmen

长。"
zhǎng."

一 天，他 终于 想出 了 办法，就 急忙 跑到 田 里，
Yì tiān, tā zhōngyú xiǎngchū le bànfǎ, jiù jímáng pǎodào tián lǐ,

把 禾苗 一 棵 一
bǎ hémiáo yì kē yì

棵 往 高 里 拔，从
kē wǎng gāo lǐ bá, cóng

中午 一直 忙 到
zhōngwǔ yìzhí máng dào

太阳 落 山，弄 得
tàiyáng luò shān, nòng de

筋疲力尽。
jīn pí lì jìn.

他　回到　家　里，一边　喘气　一边　说：“今天　可　把　我
Tā　huídào　jiā　lǐ,　yìbiān　chuǎnqì　yìbiān　shuō：“Jīntiān　kě　bǎ　wǒ

累　坏　了！力气　总算　没　白费，禾苗　都　长　高　了　一　大
lèi　huài　le!　Lìqì　zǒngsuàn　méi　báifèi,　hémiáo　dōu　zhǎng　gāo　le　yí　dà

截。”
jié."

他　的　儿子　不　明白　是　怎么　回　事，第二天　跑　到　田
Tā　de　érzi　bù　míngbai　shì　zěnme　huí　shì,　dì'èrtiān　pǎo　dào　tián

里　一　看，禾苗　都　枯　死　了。
lǐ　yí　kàn,　hémiáo　dōu　kū　sǐ　le.

새단어 生词

1. **寓言**　yùyán　몡 우언, 우화
2. **则**　zé　양 조항, 토막, 편
3. **揠苗助长**　yà miáo zhù zhǎng　(모가 늦게 자란다고 하여) 모를 뽑아 빨리 자라게 하다, 급하게 일을 서두르다, 잘못하여 오히려 그릇되게 하다
4. **古时候**　gǔshíhou　몡 옛날, 옛적
5. **巴望**　bāwàng　동 간절히 바라다, 열망하다
6. **禾**　hé　몡 벼
7. **苗**　miáo　몡 새싹
8. **焦急**　jiāojí　형 초조해하다
9. **转**　zhuàn　동 돌다, 맴돌다
10. **自言自语**　zìyán zìyǔ　혼잣말을 하다, 중얼거리다
11. **终于**　zhōngyú　부 마침내, 결국
12. **急忙**　jímáng　형 급하다, 분주하다
13. **棵**　kē　양 그루, 포기(식물을 세는 단위)
14. **往**　wǎng　개 …을 향해, …쪽으로
15. **一直**　yìzhí　부 계속해서, 줄곧
16. **筋疲力尽**　jīn pí lì jìn　기력이 다하고 맥이 풀리다, 매우 피곤하여 조금의 힘도 없다
17. **喘气**　chuǎnqì　동 숨쉬다, 한숨 돌리다
18. **累**　lèi　형 피곤하다
19. **坏**　huài　형 나쁘다
20. **力气**　lìqì　몡 힘, 체력
21. **总算**　zǒngsuàn　부 겨우, 마침내, 드디어
22. **白费**　báifèi　동 헛되이 쓰다
23. **费**　fèi　동 쓰다, 소비하다
24. **截**　jié　양 덩어리, 토막, 마디
25. **枯**　kū　동 (잎 꽃 등이) 시들다

守 株 待 兔
shǒu zhū dài tù

古 时候 有 个 种田人，一 天，他 在 田 里 干活，
gǔ shíhou yǒu ge zhòngtián rén, yì tiān, tā zài tián lǐ gànhuó,

忽然 看见 一 只 野兔 从 树林 里 窜出来。不知 怎么 的，
hūrán kànjiàn yì zhī yětù cóng shùlín lǐ cuànchūlái. Bùzhī zěnme de,

他 一 头 撞 在 田边 的 树桩 上，死 了。
tā yì tóu zhuàng zài tiánbiān de shùzhuāng shàng, sǐ le.

种田人 急忙 跑过去，没 花 一点儿 力气，白 捡 了 一
Zhòngtián rén jímáng pǎoguòqù, méi huā yìdiǎnr lìqì, bái jiǎn le yì

只 又 肥 又 大 的 野兔。他 乐滋滋 地 走 回家，心 里
zhī yòu féi yòu dà de yětù. Tā lèzīzī de zǒu huíjiā, xīn lǐ

想：要是 每天 能 捡到 一 只 野兔，那 该 多 好 啊。
xiǎng: yàoshi měitiān néng jiǎndào yì zhī yětù, nà gāi duō hǎo a.

从此 他 丢下 了 锄头，整天 坐 在 树桩 旁边
Cóngcǐ tā diūxià le chútou, zhěngtiān zuò zài shùzhuāng pángbiān

等着，看 有没有 野兔 再 跑来 撞 死 在 树桩 上。日子
děngzhe, kàn yǒu méi yǒu yětù zài pǎolái zhuāng sǐ zài shùzhuāng shàng. Rìzi

一 天 比 一 天 过去 了，再 也 没有 野兔 来过，他 的
yì tiān bǐ yì tiān guòqù le, zài yě méiyǒu yětù láiguo, tā de

田 里 已经 长满 了 野草，庄稼 全 完 了。
tián lǐ yǐjing zhǎngmǎn le yěcǎo, zhuāngjia quán wán le.

1. 一点(儿)

'一点(儿)'은 동사나 형용사 뒤 혹은 명사(구) 앞에서 확정적이지 않은 양을 나타내는 부정 양사로 우리말의 '조금, 약간'에 해당한다.

> 他吃了一点儿水果, 就不吃了。   그는 과일을 조금만 먹고 안 먹었다.
> Tā chī le yìdiǎnr shuǐguǒ, jiù bù chī le.

> 今天比昨天热一点儿。   오늘은 어제보다 조금 더 덥다.
> Jīntiān bǐ zuótiān rè yìdiǎnr.

부정형은 부사 '也'나 '都'를 연용하고 뒤에 부정부사를 써서 '一点儿也(/都)没有(/不)…' 형식으로 나타낸다.

> 他一点儿东西也不吃。   그는 약간의 음식도 먹지 않는다.
> Tā yìdiǎnr dōngxi yě bù chī.

> 今天一点儿都不冷。   오늘은 조금도 춥지 않다.
> Jīntiān yìdiǎnr dōu bù lěng.

2. 동사 来 동사 去

「동사 来 동사 去」형식은 동작의 빈번한 발생을 나타낸다.

> 他在街上走来走去的, 不知想干什么。   그는 길에서 왔다갔다, 뭘 하려는지 모르겠다.
> Tā zài jiēshang zǒulái zǒuqù de, bùzhī xiǎng gàn shénme.

새단어 生词

26. 忽然 hūrán 〔부〕 갑자기	32. 肥 féi 〔형〕 살지다
27. 树林 shùlín 〔명〕 수풀, 숲	33. 乐滋滋 lèzīzī 〔형〕 만족스러움에 속마음이 기쁘다
28. 窜 cuàn 〔동〕 달아나다, 내빼다, 도망가다	34. 该 gāi 〔능〕 감탄문에서 어기 강조
29. 撞 zhuàng 〔동〕 부딪치다, 충돌하다	35. 锄头 chútou 〔명〕 (농기구) 괭이형 호미
30. 树桩 shùzhuāng 〔명〕 나무 그루터기	36. 整天 zhěngtiān 〔명〕 온종일
31. 捡 jiǎn 〔동〕 습득하다, 줍다	37. 庄稼 zhuāngjia 〔명〕 농작물

你说来说去，还是想去旅行。　네가 이러쿵저러쿵 말하지만 역시 여행을 가고 싶어한다.
Nǐ shuōlái shuōqù, háishì xiǎngqù lǚxíng.

3. '终于'와 '总算'

(1) 终于

비교적 긴 과정이나 변화를 거친 후에 희망하던 어떤 결과가 나타남을 표시하는 부사로,
우리말의 '결국, 마침내'에 해당한다.

她儿子终于考上了北京大学。　그녀의 아들은 마침내 북경대학에 합격하였다.
Tā érzi zhōngyú kǎoshàng le Běijīng Dàxué.

我今天终于学会了滑冰。　나는 오늘 마침내 스케이트를 배워 탈 줄 알게 되었다.
Wǒ jīntiān zhōngyú xuéhuì le huábīng.

(2) 总算

긴 시간 동안 끊임없는 노력을 통해 마침내 희망사항이 실현되었음을 나타내거나 혹은
대체로 고만고만함을 나타낸다. 우리만의 '겨우, 가까스로' 혹은 '대체로'에 해당한다.

今天总算考完试。　오늘 겨우 시험이 끝났다.
Jīntiān zǒngsuàn kǎowán shì.

我今天总算找到你家了。　나는 오늘 가까스로 네 집을 찾았다.
Wǒ jīntiān zǒngsuàn zhǎodào nǐ jiā le.

4. 형용사의 중첩 (2)

앞서 살펴본 형용사의 중첩형식은 일반적으로 'AA'와 'AABB'형이다. 그 외에도 'ABB' 형
식으로 생동감을 더해 주는 표현방식이 있다.

他乐滋滋地走回家。　그는 즐겁게 집으로 돌아갔다.
Tā lèzīzī de zǒuhuí jiā.

弟弟吃着热乎乎的面包热滋滋的。　남동생은 따끈따끈한 빵을 먹으면서 즐거워한다.
Dìdi chīzhe rèhūhū de miànbāo rèzīzī de.

5. (一)边⋯, (一)边~

두 가지 이상의 동작이 동시에 진행되는 것을 나타내는데 '边' 다음에 단음절 동사가 올 경우 보통 '一'를 생략할 수 있다. 단, 주어가 같아야 한다.

他一边吃饭, 一边看报纸。 그는 밥을 먹으면서 신문을 본다.
Tā yìbiān chīfàn, yìbiān kàn bàozhǐ.

我一边听音乐, 一边做作业。 나는 음악을 들으면서 숙제한다.
Wǒ yìbiān tīng yīnyuè, yìbiān zuò zuòyè.

他边说边记。 그는 말하면서 외운다.
Tā biānshuō biānjì.

6. 忽然

우리말의 '갑자기'에 해당하는 말로 생각지도 못한 예상 밖의 일이 갑자기 발생하였을 때 사용하는데 '突然'과 같은 의미이다. 그러나 '忽然'은 부사어로만 사용할 수 있고, '突然'은 부사어 외에도 한정어나 술어·목적어·보어 등으로 사용된다.

忽然(突然)下雨了。 갑자기 비가 내렸다.
Hūrán(tūrán) xiàyǔ le.

事情发生得太突然了。(忽然 ×) 사건의 발생이 너무 갑작스러웠다.
Shìqing fāshēng de tài tūrán le.

7. 要是

가정의 복문을 이끄는 접속사로 뒷 절에 자주 '就'와 호응하여 쓴다. 우리말의 '만일 ⋯라면 ~이다'의 의미를 나타낸다.

要是今天不买就没票了。 오늘 사지 않으면 표가 없을 것이다.
Yàoshì jīntiān bù mǎi jiù méi piào le.

要是你跟我去, 他就不用去了。 네가 나와 간다면 그가 갈 필요가 없다.
Yàoshì nǐ gēn wǒ qù, tā jiù bú yòng qù le.

8. 该

능원동사 '该'는 마땅히 해야 하는 의무를 나타낸다. '要'보다는 의무의 경중이 무겁고 '得'
보다는 가볍다. 우리말의 '(마땅히) …해야 한다'에 해당한다.

你今天该去洗澡了。 너는 오늘 목욕하러 가야 해.
Nǐ jīntiān gāi qù xǐzǎo le.

你们该和好了。 너희들은 화해해야 해.
Nǐmen gāi héhǎo le.

9. 多 … 啊

어기조사 '啊'는 감탄어기를 나타내는데 상용되는 감탄문 형식으로는 '多 … 啊(얼마나…한
가)'와 '真 … 啊(정말 …하다)'가 있다.

天气可真热啊! 날이 정말 덥구나!
Tiānqì kě zhēn rè a!

中国的面积多大啊! 중국의 면적은 정말 크구나!
Zhōngguó de miànjī duō dà a!

他对你多好啊! 그는 네게 얼마나 잘하니!
Tā duì nǐ duō hǎo a!

10. 一天比一天

중국어에서는 '比'를 사이에 두고 양편에 「一+시간사/명·동량사」를 중복 사용하여 사물이
나 사람의 상태와 정도가 점점 더 심해짐을 나타낸다. 그 형식은 다음과 같다.

> 一 + 시간사/명·동량사 + 比 + 一 + 시간사/명·동량사

天气一天比一天热起来。 날씨가 나날이 더워진다.
Tiānqì yì tiān bǐ yì tiān rè qǐlái.

他写得一次比一次更好了。　그의 쓰기는 횟수가 거듭될수록 더 좋아진다.
Tā xiě de yí cì bǐ yí cì gèng hǎo le.

生活一年比一年好。　생활이 매년 좋아진다.
Shēnghuó yì nián bǐ yì nián hǎo.

最近的孩子一个比一个高。　요즘 아이들은 하나같이 크다.
Zuìjìn de háizi yí ge bǐ yí ge gāo.

1. 확장연습

<table>
<tr><td>长高</td><td>窜出来</td></tr>
<tr><td>没有长高</td><td>从树林里窜出来</td></tr>
<tr><td>一点也没有长高</td><td>一只野兔从树林里窜出来</td></tr>
<tr><td>禾苗好像一点也没有长高</td><td>忽然看见一只野兔从树林里窜出来</td></tr>
</table>

2. 다음 질문에 대답해 보세요.

1) 请复述一下"揠苗助长"的故事。

    ____。

2) 请复述一下"守株待兔"的故事。

    ____。

3. 다음 보기에서 적당한 단어를 골라 문장을 완성하세요.

보기	终于	总算	忽然	突然

1) _________ 停电了。

2) 事情的发生很 _________ 。

3) 我们等了很久，他 _________ 来了。

4) 我 _________ 能说一些简单的汉语了。

4. 문법적으로 틀린 곳을 찾아 바르게 고쳐 보세요.

    1) 这孩子多可爱了。

    ____。

    2) 老师边说，学生们边听。

    ____。

    3) 他的病来得有点儿忽然。

    ____。

    4) 他的成绩一次比一次好一点了。

    ____。

5. 괄호 안의 형식을 이용하여 문장을 완성해 보세요.

    1) 아무리 생각해도 여전히 생각이 나지 않는다.　　（동사 来 동사 去）

    ____。

    2) 그는 TV를 보면서 밥을 먹는다.　　（一边…，一边~）

    ____。

    3) 그의 중국어가 나날이 좋아진다.　　（一天比一天）

    ____。

    4) 그는 조금도 피곤하지 않다.　　（一点也不/没有）

    ____。

古诗 两 首
gǔshī liǎng shǒu

望 庐 山 瀑 布
wàng lú shān pù bù

李 白
Lǐ Bái

日 照 香 炉 生 紫 烟，
rì zhào xiāng lú shēng zǐ yān,

遥 看 瀑 布 挂 前 川。
yáo kàn pù bù guà qián chuān.

飞 流 直 下 三 千 尺，
fēi liú zhí xià sān qiān chǐ,

疑 是 银 河 落 九 天。
yí shì yín hé luò jiǔ tiān.

새단어 生词

1. **古诗** gǔshī 〔명〕 고시
2. **首** shǒu 〔양〕 (시, 사, 노래 등의) 수
3. **望** wàng 〔동〕 (멀리) 바라보다, 조망하다
4. **庐山** Lúshān 〔명〕 여산
5. **瀑布** pùbù 〔명〕 폭포
6. **李白** Lǐ Bái 〔명〕 이백(인명)
7. **照** zhào 〔동〕 비치다, 비추다
8. **香炉** Xiānglú 〔명〕 향로
9. **紫** zǐ 〔형〕 자색의
10. **烟** yān 〔명〕 연기
11. **尺** chǐ 〔양〕 (길이의 단위) 척
12. **疑** yí 〔동〕 의심하다
13. **银河** yínhé 〔명〕 은하
14. **九天** jiǔtiān 〔명〕 가장 높은 하늘

春 晓
chūn xiǎo

孟 浩然
Mèng Hàorán

春 眠 不 觉 晓，
chūn mián bù jué xiǎo,

处 处 闻 啼 鸟。
chù chù wén tí niǎo.

夜 来 风 雨 声，
yè lái fēng yǔ shēng,

花 落 知 多 少。
huā luò zhī duō shǎo.

■ 두 편의 시를 외워서 낭송해 봅시다.

새단어 生词

15. **孟浩然** Mèng Hàorán 　명 맹호연(인명)

16. **晓** xiǎo 　명 새벽 　동 알다

17. **处处** chùchù 　부 도처에, 곳곳에

18. **闻** wén 　동 듣다

19. **啼** tí 　동 (새나 짐승이) 울다

20. **声** shēng 　명 소리

21. **落** luò 　동 떨어지다

▶ 재미있게 읽어 보세요.

节 奏 加 快

— 템포가 빨라졌다 —

有人问评论家：“您认为古典小说与当代小说的区别是什么？”

他答道：“在古典小说中，男人亲吻他的妻子至少是在一百页之后，而在当代小说中，你会看到，第二页上他就有了私生子。”

어떤 사람이 평론가한테 묻기를, “당신은 고전소설과 현대소설이 어떤 차이가 있다고 생각합니까?”

그가 답하기를, “고전 소설 속에는 남자가 아내에게 키스하는 부분이 적어도 100쪽 뒤에 있고, 현대소설 속에는 두 번째 쪽부터 사생아가 생기는 것을 볼 수 있습니다.”

보충단어

1. **评论** pínglùn 〔명〕〔동〕 평론(하다)
2. **古典** gǔdiǎn 〔명〕 고전
3. **小说** xiǎoshuō 〔명〕 소설
4. **当代** dāngdài 〔명〕 현대, 당대
5. **区别** qūbié 〔동〕 구별하다
6. **亲吻** qīnwěn 〔동〕 키스하다
7. **妻子** qīzi 〔명〕 아내, 처
8. **页** yè 〔명〕 쪽, 페이지
9. **私生子** sīshēngzǐ 〔명〕 사생아

부록

본문해석

제1과 년월일

일 년은 열두 달이 있습니다. 일월, 이월, 삼월, 사월, 오월, 유월, 칠월, 팔월, 구월, 시월, 십일월, 십이월입니다.

한 달은 30일 혹은 31일입니다. 이월은 28일 혹은 29일이 있습니다.

일주일은 칠 일입니다. 월요일, 화요일, 수요일, 목요일, 금요일, 토요일, 일요일입니다.

제2과 계절

일 년은 사계절이 있습니다. 봄, 여름, 가을, 겨울입니다. 삼월, 사월, 오월은 봄입니다. 봄은 아주 따뜻합니다. 유월, 칠월, 팔월은 여름입니다. 여름은 아주 덥습니다. 구월, 시월, 십일월은 가을입니다. 가을은 아주 시원합니다. 십이월, 일월, 이월은 겨울입니다. 겨울은 아주 춥습니다.

나는 봄을 좋아합니다. 당신은 어느 계절을 좋아하십니까?

제3과 우주에는 무엇이 있습니까?

우주에는 무엇이 있습니까? 우주에는 해, 달, 지구와 이름을 모르는 많은 별이 있습니다. 낮에는 해가 있고, 밤에는 달과 별이 있습니다.

해는 몇 개입니까? 해는 하나입니다. 달도 하나만 있습니다. 그러나 별은 아주 많습니다. 많아서 헤아릴 수가 없습니다.

지구는 우주 속의 큰 행성에 속하지만 빛을 낼 수 없습니다. 달도 빛을 낼 수 없지만 해는 빛을 낼 수도 있고 열을 낼 수 있는데 우주 속의 한 항성에 속합니다. 우리가 보는 달빛은 해가 반사되어 나오는 빛입니다.

제4과 안녕하세요!

안녕하세요. 그는 아명이라고 합니다. 그는 학생입니다. 그는 영국 사람입니다. 그녀는 오려라고 합니다. 그녀도 학생이고, 한국 사람입니다. 그들은 모두 중국어를 배웁니다. 아명은 청화대학교에서 중국어를 공부하고, 오려는 북경대학교에서 중국어를 배웁니다. 그들은 모두 대학교내 유학생 기숙사에 삽니다. 현재 그들은 이미 중국 생활에 적응하였는데 중국 생활이 점점 더 재미있게 느껴집니다.

제5과 가족

우리 식구는 다섯 명입니다. 아버지, 어머니, 오빠(형), 남동생과 저입니다. 아버지는 선생님이시고, 올해 57세이십니다. 어머니는 의사이시고, 올해 55세이십니다. 오빠는 대학생입니다. 그는 서울대학교를 다닙니다. 나도 대학생입니다. 현재 지성과학대학 관광중국어전공에서 공부하고 있습니다. 남동생은 중학생입니다. 남동생의 학교는 우리 학교 아래에 있는 지성중학교입니다. 남동생의 학교와는 같은 지성재단에서 설립한 학교입니다. 우리는 종종 함께 등교하고, 함께 하교하고 집에 돌아갑니다. 우리의 학교 생활은 아주 즐겁고, 우리 가족도 아주 화목합니다.

제6과 나의 생일

어제는 5월 31일, 저의 생일이었습니다. 저의 생일은 음력 4월 20일, 양력 5월 31일입니다. 엄마는 제게 치마 한 벌을 사주셨고, 아빠는 생일 케이크를 사주셨습니다. 오빠는 화보 한 권을 사주었고, 남동생은 연필 한 다스를 사주었습니다. 우리는 식당에서 풍성한 저녁을 먹었습니다. 저녁을 먹은 후에 우리 모든 식구는 또 같이 가라오케에 갔습니다. 가라오케에서 우리는 노래도 부르고 춤도 추고 너무너무 즐거웠습니다.

제7과 저는 김영옥이라고 합니다.

저는 성은 김이고, 이름은 영옥이라고 합니다. 저는 중경대학교 일학년 학생입니다. 저의 전공은 중국어 전공입니다. 우리 전공은 80명의 학생들이 있습니다. 여섯 분의 교수님이 계시는데 네 분은 여자 교수님이고, 두 분은 남자 교수님이십니다. 교수님 모두 우리들을 열심히 가르치시고, 우리들도 열심히 공부합니다.

저는 장래 희망이 번역관이 되는 것입니다. 그래서 저는 중국어를 열심히 공부할 뿐만 아니라, 중국역사와 문화도 아주 열심히 공부합니다. 중국의 역사는 어렵지만 아주 재미있습니다. 만약 내년에 기회가 있으면 저는 방학을 이용하여 중국의 대학에 가서 언어 연수를 받고 싶습니다.

제8과 우리 학교

우리 학교는 양정동에 있습니다. 우리 학교는 아주 크고 예쁩니다. 우리 교실은 아주 깨끗합니다. 교실에는 40개의 남색 책상과 42개의 흰색 의자가 있습니다. 교실 안에는 또한 녹색 칠판과 칼라 TV가 있습니다. 우리들은 매일 9시에 수업을 합니다. 거의 매일 오후 5시에 하교합니다. 하교 후, 어떤 학생들은 집으로 돌아가고, 어떤 학생들은 아르바이트를 하러 가고, 어떤 학생들은 학교 도서관에 남아 계속 공부를 합니다. 지금은 생활이 바쁘고, 학업이 바쁘기 때문에 하교 후 운동장에서 축구하거나 농구하는 사람들이 점점 적어집니다.

제9과 우리 집에는 방이 다섯 개 있습니다.

우리 집은 부산시 진구 범일동에 있습니다. 우리 집은 아파트입니다. 우리는 롯데아파트 205동 1806호에 삽니다. 우리 집은 네 식구입니다. 아빠, 엄마, 여동생 그리고 나입니다. 우리 집에는 방이 다섯 개 있습니다. 거실, 부엌, 서재, 그리고 침실 2개가 있습니다. 아빠와 엄마가 한 방을 쓰고, 나와 여동생이 한 방을 씁니다.

내 방은 크지도 작지도 않습니다. 내 방 안에는 침대 두 개, 책상 두 개, 의자 두 개가 있습니다. 그리고 아주 큰 책꽂이가 있습니다. 책상 위에는 전화 한 대와 스탠드 하나가 있습니다. 나는 종종 친구에게 전화를 합니다.

제10과 나는 매일 7시에 일어납니다.

나는 매일 7시에 일어납니다. 7시 반에 아침을 먹습니다. 아침을 다 먹은 후 나는 버스를 타고 학교에 갑니다. 우리 학교 1교시는 9시부터 시작합니다. 오전에 우리는 수업이 네 시간 있습니다. 오후에는 어떤 때는 수업이 세 시간이고, 어떤 때는 수업이 두 시간입니다. 저녁에 나는 매일 6시 반에 저녁을 먹습니다. 저녁을 먹고 난 후에 나는 체육관에 수영을 하러 갑니다. 저녁 8시 반부터 나는 숙제를 합니다. 잠을 자기 전에 나는 어떤 때는 TV를 보고, 어떤 때는 음악을 듣고, 어떤 때는 만화를 봅니다. 나는 될 수 있는 한 12시 이전에 잠을 잡니다. 왜냐하면 밤에 잠이 부족하고, 잘 쉬지 못하면 다음날의 학업과 생활에 영향을 미치기 때문입니다.

제11과 사마광

사마광을 아십니까? 사마광은 중국 고대 유명한 역사학자입니다. 그가 어렸을 때, 한 번은 여러 꼬마 친구들과 화원에서 놀고 있었습니다. 화원에는 석가산(가짜 산)이 있고, 석가산 아래에는 큰 물항아리가 있는데 물이 가득 담겨 있었습니다.

어떤 꼬마 친구가 석가산 위에 올라가서 놀다가 실수하여 큰 물항아리 속으로 떨어졌습니다. 다른 꼬마 친구들은 모두 어쩔 줄 몰라하며, 어떤 친구는 놀라서 울었고, 어떤 친구는 소리를 지르며 어른을 찾으러 갔습니다. 사마광은 당황하지 않고, 돌멩이를 하나 집어 들고 힘껏 그 항아리에 던졌고, 몇 번을 던지자 깨졌습니다. 항아리 속의 물이 흘러나왔고, 항아리 속에 빠졌던 꼬마 친구를 구했습니다.

제12과 총명한 화타

화타는 중국 고대 유명한 의사입니다. 7살 때 어머니는 그를 채 의사선생님에게 제자로 보냈습니다. 채 의사선생님은 화타를 시험해 보고 싶었습니다. 마침 이때 정원에 두 마리 양이 싸우고 있었는데 채 의사선생님은 화타에게 그들을 떼어놓으라고 하였습니다. 두 마리 양은 머리와 뿔을 겨누고 서로 들이박으며 아주 무섭게 싸웠습니다. 화타는 마음속으로 억지로 떼어 놓으면 안 되고 방법을 찾아야 한다고 생각했습니다.

화타는 길가에서 싱싱한 풀을 두 움큼 뽑아서 한 쪽 손에 한 움큼씩 들고 두 마리 양을 향해 흔들었습니다. 양은 싱싱한 풀을 보고는 곧 싸움을 멈추고 풀을 먹으러 갔습니다. 채 의사선생님이 보시고는 머리를 끄덕이시며 기뻐 말씀하셨습니다. "이 제자를 내 받아들이겠노라!"

제13과　흰토끼와 회색토끼

늙은 염소가 땅에서 배추를 거두어들일 때 흰토끼와 회색토끼가 도우러 왔습니다. 배추를 다 거두어들인 후 늙은 염소는 배추 한 수레를 회색토끼에게 주었습니다. 회색토끼는 받으면서 "고맙습니다."라고 하였습니다. 늙은 염소는 또 배추 한 수레를 흰토끼에게 주었습니다. 흰토끼는 "저는 배추는 필요 없어요, 제게 배추 씨를 좀 주세요."라고 말했습니다. 늙은 염소는 흰토끼에게 배추 씨를 한 자루 주었습니다.

흰토끼는 집으로 돌아와 땅을 갈고 씨를 심었습니다. 며칠이 지나자 배추가 자라 나왔습니다. 흰토끼는 종종 배추에게 물과 비료를 주고, 잡초도 뽑아주고 벌레도 잡아주었습니다. 배추는 아주 빨리 크게 자랐습니다.

회색토끼는 배추 한 수레를 끌고 집으로 돌아와 일을 하지 않았습니다. 배고프면 늙은 염소가 준 배추를 먹었습니다.

얼마가 지난 후 회색토끼는 배추를 다 먹고 다시 늙은 염소 집에 찾아가 배추를 달라고 하였습니다. 이때 그는 흰토끼가 배추를 짊어지고 늙은 염소에게 주러 온 것을 보았습니다. 회색토끼는 이상해서 물었습니다. "흰토끼야, 네 배추는 어디서 가져온 것이니?"

흰토끼는 말했습니다. "내가 직접 심은 거야. 스스로 심어야만 비로소 먹어도 끝이 없는 배추를 얻을 수 있다구."

제14과　세 마리 백두루미

어느 날 낮에 세 마리 백두루미가 강가에서 많은 물고기를 잡았습니다. 그들은 아주 배불리 먹고 남은 한 마리 큰 물고기를 땅속에 묻어 내일 먹기 위해 남겨 두었습니다.

첫 번째 백두루미는 머리를 들어 태양을 보고 큰 물고기를 태양 아래에 묻어 두었음을 기억해 두었습니다. 두 번째 백두루미는 고개를 들어 하늘을 바라보고 흰 구름 아래에 묻어 두었음을 기억해 두었습니다. 세 번째 백두루미는 강가의 큰 버드나무를 보고 큰 물고기를 버드나무 옆에 묻어 두었음을 기억하였습니다.

다음날 태양이 막 뜨자 세 마리 백두루미 모두 깨어났습니다. 첫 번째 백두루미는 태양을 향해 날아갔고, 두 번째 백두루미는 하늘을 향해 날아갔습니다. 세 번째 백두루미는 강가로 날아가 큰 버드나무 옆에 내렸습니다.

어느 백두루미가 땅속에 묻어 둔 큰 물고기를 찾을 수 있을까요?

제15과　우물 안 개구리

청개구리가 우물 속에 앉아 있는데 새가 날아와 우물가에 내렸습니다.

청개구리가 새에게 물었습니다. "너는 어디서 왔니?"

새가 대답하여 말하길, "나는 하늘에서 왔어, 백 여 리를 날았더니 목이 말라서 내려와서 물을 좀 찾아 마시려고 해."

청개구리가 말했습니다 "친구, 허풍치지 말게나. 하늘은 겨우 우물 입구만한 크기에 불과한데 그렇게 멀리 날 필요가 있는가?"

새가 말하길, "네가 틀렸어. 하늘은 아득히 넓은 것이 얼마나 크다구!"

청개구리는 웃으며 말했습니다. "친구, 난 매일 우물 속에 앉아 머리만 들면 하늘을 볼 수 있다네. 내가 틀릴 리 없다구."

새도 웃으며 말했습니다 "친구, 자네가 틀린 거라네. 안 믿기면 우물 밖으로 나와 한 번 보게나."

제16과 낙타와 양

낙타는 키가 크고 양은 키가 작습니다. 낙타가 말하길, "키가 큰 것이 좋아." 양이 말하길, "그렇지 않아. 키가 작은 것이야말로 좋다구." 낙타가 말하길, "나는 한 가지 일을 해서 키가 큰 것이 작은 것보다 좋다는 것을 증명할 수 있다구." 양이 말하길, "나도 한 가지 일을 해서 키가 작은 것이 큰 것보다 좋다는 것을 증명할 수 있어."

그들 둘은 정원 옆으로 걸어갔습니다. 꽃밭 사방은 담장이 둘러쳐져 있고 안쪽에는 많은 나무가 심어져 있는데 무성한 가지와 잎이 담장 밖으로 뻗어나왔습니다. 낙타는 고개를 들어 바로 나뭇잎을 먹었습니다. 양은 앞다리를 들어 올려 담장 위에 걸치고 목을 길게 뻗었으나 먹을 수 없었습니다. 낙타가 말하길, "봐, 이것으로 큰 것이 작은 것보다 좋음을 증명할 수 있겠지." 양이 머리를 가로저으며 졌음을 시인하려 하지 않았습니다.

그들 둘은 다시 몇 걸음 더 걸어서 담장 위에 좁고 작은 문이 있는 것을 보았습니다. 양은 거드름을 피우며 정원으로 걸어들어가 정원 안의 풀을 먹었습니다. 낙타는 앞다리를 꿇고 머리를 숙이고 문 안으로 들어가려 했으나 어떻게 뚫고 들어가려 해도 들어갈 수 없었습니다. 양이 말하길, "보라구, 이것으로 키가 작은 것이 큰 것보다 좋다는 것을 증명할 수 있겠지." 낙타는 고개를 저으며 역시 인정하려 하지 않았습니다.

그들 둘은 시비를 가리려고 늙은 소를 찾았습니다. 늙은 소가 말하길, "자네 둘 다 자신의 장점만을 보고 자신의 단점은 보지 못하니 이는 잘못된 거라네."

제17과 편지 쓰기

홍홍 언니:

안녕하세요. 오랜만이에요. 고모부, 고모 모두 안녕하시죠?

좋은 소식 하나 알려 드릴게요. 지난 일요일에 우리는 새집으로 이사했습니다. 네 명의 식구가 이젠 10평방미터의 좁은 공간에 빼곡히 모여 밥 먹고, 자고, 공부하고, 일할 필요가 없답니다. 저도 작은 방이 생겼답니다.

제 방은 공기가 잘 통하고, 햇빛이 가득합니다. 밤에는 달빛이 비춰 들어옵니다. 마치 내 방에 얇은 비단을 펼친 것 같답니다.

언니, 우리 집의 낡은 책상을 기억해요? 그것은 아주 평범하지만 저는 그 책상에 아주 특별한 감정을 가지고 있답니다. 저는 그것을 제 방으로 옮겨서 나와 함께 공부도 하고 숙제도 할 수 있게 하였답니다.

시간이 늦었네요. 그럼 여기까지 쓸게요.

학업이 발전하길 바래요!

사촌동생 석추가

제18과 중국의 수도

중국의 수도는 북경입니다. 북경은 아주 아름다운 도시입니다. 면적은 1만 6800㎢이고, 인구는 1,382만 명입니다.

천안문은 북경의 중앙에 있는데 붉은 담장, 노란 기와는 장엄하기도 하고 아름답기도 합니다. 천안문 앞쪽은 넓은 광장입니다. 광장 중간에는 인민기념영웅비가 서 있습니다.

북경에는 넓고 긴 아스팔트 도로가 아주 많습니다. 도로 양쪽으로 푸른 나무가 그늘을 드리우고 싱싱한 꽃들이 활짝 피어 있습니다. 최근 북경에는 많은 "회(回)"자형 순환도로를 만들어 북경 각 지역을 연결하는 교통 중추가 되었습니다. 또한 많은 입체교차로를 지었는데 입체교차로 사방은 푸른 담요 같은 잔디밭과 그림을 맞춰놓은 화단이 있습니다. 각종 차량이 다리 아래로 끊임없이 오고갑니다.

북경에는 아주 많은 명승고적들과 풍경이 아름다운 공원들, 그리고 새로 건설한 높은 빌딩들이 많이 있습니다. 높은 곳에 서서 바라보면 전 지역 곳곳이 푸른 나무이고, 곳곳이 빌딩입니다.

친구들! 만약 중국에 갈 기회가 있다면 북경에 꼭 한번 가 보길 바랍니다.

제19과 우화 두 편

알묘조장

옛날 어떤 사람이 자기 밭의 모가 빨리 자라기를 간절히 바라며 매일 밭기슭으로 가 보았습니다. 그러나 하루, 이틀, 사흘이 지나도 모는 조금도 자란 것 같지 않았습니다. 그는 밭 기슭에서 조급한 듯 왔다 갔다 하면서 혼잣말로 중얼거렸습니다. "나는 모들이 자랄 수 있도록 방법을 강구해야 해."

어느 날 그는 마침내 방법을 생각해 내고 급히 밭으로 달려가서 모를 한 포기 한 포기씩 위로 잡아당겼는데, 한낮부터 태양이 질 때까지 쭉 바쁘게 기진맥진하도록 가꿨습니다.

그는 집으로 돌아와서는 한숨 돌리면서 말했습니다. "오늘 정말 너무 지치는군. 기력을 헛되이 쓰진 않은 셈이야. 모가 모두 한 마디씩은 자랐으니 말야."

그의 아들은 어떻게 된 영문인지 몰랐는데, 이튿날 밭에 가 보니 모가 모두 말라 죽어 있었습니다.

수주대토

옛날에 농사짓는 사람이 있었습니다. 하루는 그가 밭에서 일하고 있는데 갑자기 한 마리 토끼가 숲에서 뛰어나왔습니다. 어찌된 영문인지 토끼는 머리를 밭기슭의 나무 그루터기에 부딪혀 죽었습니다.

농사꾼은 급히 달려가 조금도 힘을 들이지 않고 통통하고 큰 산토끼 한 마리를 주웠습니다. 그는 기뻐하며 집으로 걸어 돌아가면서 속으로 생각했습니다. 만약 매일 산토끼 한 마리를 주울 수 있다면 얼마나 좋을까.

이때부터 그는 호미를 버리고 하루종일 나무 그루터기 옆에 앉아 산토끼가 다시 나무 그루터기에 부딪혀 죽지 않는지 기다렸습니다. 날짜가 하루하루 지나갔습니다. 산토끼는 다시는 오지 않았고, 그의 밭에도 이미 잡초들이 가득 자라 농작물은 전부 끝장나 버렸습니다.

제20과 고시 두 수

망노산폭포

향로봉에 햇빛 비치니 보랏빛 안개 피어나고
멀리 폭포 바라보니 긴 강을 매단 듯.
나는 듯 곧추 떨어지는 삼천 자의 물줄기
은하수가 하늘에서 떨어지는 듯.

춘효

봄잠에 날 밝는 줄 몰랐는데
곳곳에 새 울음소리 들려오네.
밤새 불어오는 비바람 소리에
꽃잎은 얼마나 떨어졌을까!

신실용 중국어교본 시리즈

중국국가 한반(中国国家汉办)이 기획하고 북경어언대학출판사가 만들어 낸 최신 중국어 교재, 초급에서 중급까지 자연스럽게 마스터하자!

劉珣 외 지음
북경어언대학출판사 편
김낙철 편역

신실용 중국어교본 TEXTBOOK 1, 2, 3, 4

신실용 중국어교본 1 (CD 4장 포함)
신실용 중국어교본 2 (CD 4장 포함)
신실용 중국어교본 3 (CD 4장 포함)
신실용 중국어교본 4 (CD 4장 포함)

신실용 중국어교본 WORKBOOK 1, 2, 3, 4

WORKBOOK 1 (CD 2장 포함)
WORKBOOK 2 (CD 2장 포함)
WORKBOOK 3 (CD 2장 포함)
WORKBOOK 4 (CD 2장 포함)

혼자하기 딱 좋은 중국어첫걸음

성취감을 무기로 중국어를 마스터! 초보자들이 기초를 쉽게 마스터할 수 있도록 기초편을 두 권으로 나누어 구성, 쉽고 빠른 책거리를 통해 흥미를 유지하며 포기하지 않고 중국어의 기초를 완성할 수 있습니다.

● 박신영 著 / 4×6배판, 한번 보기 168면, 두번 보기 192면
   TAPE 2개, 포켓 여행중국어 포함, 동영상 강좌, mp3파일 다운로드 제공

21세기 신경향 중국어첫걸음

혼자서 배우고 익히는 초보중의 왕초보 중국어 교재! 완전학습의 방법을 강화한 신경향 교재! 초보 학습자의 눈높이에 맞추어 꼭 필요한 기초표현을 손쉽게 익히는 데 주안점을 두었습니다.

● 박신영 著 / 4×6배판 232면 / TAPE 3개, 별책부록 포함
   mp3파일 다운로드 제공

이광석 상황별 중국어 회화사전

상황별로 찾아보는 중국어 회화사전! 풍부하고 다양한 회화 내용을 쉽게 찾을 수 있습니다. 중국 출신 저자가 현재 중국에서 자주 쓰고 있는 살아있는 중국어 표현들을 선별하여 정리하였습니다.

● 이광석 著 / 신국판 848면

상황 중국어회화 124

일상생활에서 자주 일어나는 16장면, 총 124가지의 상황을 간략한 중국어 표현으로 정리하였습니다. 초급과 중급 학습자들이 손쉽게 필요한 표현을 찾아 공부할 수 있습니다.

● 편집부 編 / 왕진례(북경 어언대학교 교수) 감수 / 4×6판 288면
   TAPE 3개 포함, mp3파일 다운로드 제공

지름길 기초 중국어

'더 이상 쉬운 중국어 교재는 없다!' 이 책은 본문과 보충회화의 대화를 모두 두 마디로 구성하여 회화 능력 향상을 극대화하도록 하였습니다. 또한 다년 간 교육의 현장에서 활약을 하고 계신 선생님 여섯 분이 집필하였기 때문에 고등학생은 물론 모든 중국어 초보 학습자가 쉽고 재미있게 학습할 수 있습니다.

● 전병억 외 著 / 4×6판 240면 / TAPE 2개 / 플래쉬 강의 제공

신나는 북경중국어 1, 2

현직 교사들이 오랜 경험과 노하우를 바탕으로 집필한 중국어 교재! 중국어를 소리로 인식하고 그림과 노래를 통해 재미있게 중국어를 익힐 수 있도록 하였습니다.

● 한국경기중등 중국어교육연구회 著 / 4×6배판 120면(컬러)
  TAPE 2개 포함

분야별 중국어단어

외국어를 잘하기 위해서는 무엇보다 먼저 기초적인 단어실력을 튼튼히 해놓아야 합니다. 이 책은 언제 어디서 중국인을 만나더라도 초 · 중급 수준의 독자가 의사소통을 할 수 있도록 약 3,000여 개의 단어와 기본문장을 분야별로 수록하였습니다.

● 편집부 編 / 허경(광운대 정보과학교육원 교수) 감수 / 국반판 272면
  TAPE 4개 포함, mp3파일 다운로드 제공

혼자배우는 중국어

학원 갈 시간이 없는 분들을 위해 기초과정인 발음부터 시작, 간단한 어휘를 공부하고 점차 기본적인 문장을 스스로 습득하게 한 완전기초 중국어 교재입니다.

● 서명제 著 / 신국판 256면 / 카세트(TAPE 3개) 별매

저자 소개

김명자

- **주요 학력** 중국 흑룡강대학교 중어중문학과 졸업, 문학학사
  중국 흑룡강대학교 중어중문학과 대학원 졸업, 문학석사
  부산대학교 중어중문학과 대학원 졸업, 문학박사
- **주요 경력** 중국 용강 제6중학교 국어(중국어) 교사
  중국 문화부 근무
  부산대학교/동아대학교/부산외국어대학교 중어중문학과 강사
  현 동의과학대학 관광중국어전공 교수
- **저서** 《씽씽 기초중국어》(형설출판사, 2005)
  《씽씽 중국어회화》(형설출판사, 2005)

정은

- **주요 학력** 경상대학교 중어중문학과 졸업, 문학학사
  대만 사범대학교 화어문교학연구소 대학원 졸업, 문학석사
  부산대학교 중어중문학과 대학원 박사수료
- **주요 경력** 대만 Present Avenue & Royal Translation Co, Ltd 근무
  현 동의과학대학 관광중국어전공 겸임교수

씽씽 중국어 독해 [초급]

초판 인쇄 2007년 3월 5일
초판 발행 2007년 3월 10일

저　자 김명자 · 정은
발행인 박해성
발행처 정진출판사

등　록 1989. 12. 20. 제6-95호
주　소 136-130 서울시 성북구 하월곡동 10-6
대표전화 02) 917-9900 / 팩스 02) 917-9907
홈페이지 www.jeongjinpub.co.kr

ISBN 978-89-5700-067-0 *13720

• 정가는 책 표지에 표시되어 있습니다.